내 손으로 뚝딱, 예쁘게 콩콩

리아나의 지우개 스탬프

내 손으로 뚝딱, 예쁘게 콩콩
리아나의 지우개 스탬프

지은이	김혜인
펴낸이	정규도
펴낸곳	황금시간

초판 1쇄 발행	2016년 3월 28일
초판 2쇄 발행	2018년 10월 30일

편집	정상미 권명희
디자인	로컬앤드 김영은
사진	한정선

황금시간
Golden Time

주소	경기도 파주시 문발로 211
전화	(02)736-2031(내선 362, 364)
팩스	(02)6677-7775
출판등록	제406-2007-00002호
공급처	(주)다락원
구입문의	전화: (02)736-2031(내선 250~252)
	팩스: (02)732-2037

Copyright ⓒ 2016, 김혜인

저자 및 출판사의 허락 없이 이 책의 일부 또는 전부를 무단 복제·전재·발췌할 수 없습니다.
구입 후 철회는 회사 내규에 부합하는 경우에 가능하므로 구입처에 문의하시기 바랍니다.
분실·파손 등에 따른 소비자 피해에 대해서는 공정거래위원회에서 고시한 소비자 분쟁 해결
기준에 따라 보상 가능합니다. 잘못된 책은 바꿔 드립니다.

값 13,000원
ISBN 979-11-87100-20-1 (13630)

http://www.darakwon.co.kr
· 다락원 홈페이지를 통해 주문하시면 자세한 정보와 함께 다양한 혜택을 받으실 수 있습니다.
· 기타 문의사항은 황금시간 편집부로 연락 주십시오.

내 손으로 뚝딱, 예쁘게 콩콩

리아나의 지우개 스탬프

김혜인 지음

지우개 스탬프로
더 즐겁기
함께 행복하기

간식을 꺼내 예쁜 접시에 담듯
갑자기 떠오른 노래를 흥얼거리듯
지우개와 칼을 잡습니다.
머릿속에서 반짝 빛난 이미지를
곱게 조각해봅니다.
예쁜 잉크를 묻혀 종이에 찍습니다.

어느 날의 약속처럼, 꾹.

머리말

우연히 외국 일러스트레이터가 만든 스탬프를 보고 영감을 받아, 지우개를 조각도로 하나둘씩 파기 시작한 게 3년 전 일입니다. 친구의 조언과 남편의 격려 덕에 지우개 스탬프를 활용한 일러스트 작업이라는 새로운 시도를 할 수 있었어요. 작업에 몰입할수록, 흔하고 작은 지우개도 하나의 작품이 될 수 있다는 사실을 많은 사람들이 알았으면 하는 마음이 들었어요.

그래서 '데일리 스탬프 프로젝트'를 시작했습니다. 2014년 12월 1일부터 2015년 11월 30일까지 꼬박 365일 동안 매일 지우개 스탬프를 만들어 블로그와 SNS에 올렸어요. 그 과정에서 많은 분들과 소통할 수 있어 즐거웠고, 응원을 받으며 큰 힘을 얻었습니다. 하루도 빠지지 않고 지우개 스탬프를 만들어 게시한 제 자신에게도 잘했다고 토닥토닥 해주고 싶어요. 대단한 건 아니지만 작은 일이라도 꾸준히 해내겠다는, 스스로에 대한 약속이기도 했거든요. 모두 지켜봐주시고 응원해주신 분들이 있었기에 가능했던 일입니다.

지우개 스탬프를 만드는 건 어렵지 않아요. 기본적인 조각법만 익히면 됩니다. 작업은 쉽지만 섬세함과 집중력이 필요하므로,

지우개 스탬프를 만드는 동안에는 잡생각이 없어져서 좋아요.

스탬프를 만드는 과정뿐만 아니라 만들어 놓은 스탬프를
어디에 어떻게 찍을지 고민하는 것도 즐거움 중의 하나예요.
스탬프는 한번 만들어 놓으면 계속 다시 찍을 수 있기 때문에,
스탬프가 하나둘 모이면 그것들을 잘 조합해 새로운 패턴이나
디자인을 만들 수도 있어요.

지우개 스탬프 만들기에 관한 전문 강좌나 정보가 부족한 상황에서
스탬프를 배우고 싶어 하는 분들을 위해 이 책을 준비했습니다.
기본 도구, 조각 방법 등 지우개 스탬프 만들기의 기초 지식은 물론,
제가 그린 100여 종의 스탬프 도안을 실었습니다. 특히 조각 과정을
상세한 사진과 자세한 설명으로 안내하고 있어서, 누구든 칼과
지우개만 있으면 이 책을 보며 스탬프 작품을 완성할 수 있으리라
자신합니다.

거창하지도, 돈이 많이 들지도 않는 취미 하나 가져보는 거 어떠세요?
지우개와 칼 하나만 있으면, 일상이 훨씬 더 행복해질 거예요.

2016년 봄
김혜인

CONTENTS

머리말   006

일러두기

지우개 스탬프의 기초

기본 도구   012

지우개   014
지우개의 종류
구매 요령

잉크   017
잉크의 종류
잉크패드의 종류

도안   020
양각, 음각이란?
도안 그리기
도안 옮기기

조각   023
조각하기의 기본
조각 기법

스탬핑하기   031

보관   034

CHAPTER 1 ANIMALS

- 홍학(홍학, 나뭇잎) — 036
- 여우 — 042
- 펭귄 — 046
- 금붕어 — 050
- 범고래(범고래, 물결) — 053
- 퍼핀(퍼핀, 퍼핀 발자국) — 058

CHAPTER 2 PLANTS

- 나뭇잎 — 064
- 버섯 — 067
- 민들레 홀씨 — 070
- 수국(수국 꽃, 수국 이파리) — 074
- 목화(목화송이, 목화 가지, 병) — 078
- 도토리(작은 도토리, 도토리) — 082
- 능소화(능소화 꽃, 능소화 줄기) — 087

CHAPTER 3 FRUITS

- 딸기 — 092
- 무화과(무화과 껍질, 무화과 과육) — 095
- 레몬(레몬 잎, 레몬 조각, 레몬) — 099
- 서양배(서양배 반쪽, 서양배) — 104
- 바나나(바나나, 바나나 송이) — 108

CHAPTER 4 SEASONS

- 까치(까치, 나뭇가지, 열매) — 114
- 눈(눈의 결정) — 118
- 비 오는 날(장화, 빗방울) — 121
- 은행잎 — 124
- 핼러윈(빗자루, 마녀 모자, 호박) — 127
- 크리스마스 리스(크리스마스 글자, 호랑가시나무 잎, 열매) — 132

CHAPTER 5 MY FAVORITE THINGS

- 종이비행기 — 138
- 깃털 — 141
- 열기구(열기구, 구름) — 144
- 커피 브레이크(커피 잔, 커피포트, 원두) — 147
- 우주여행(달, 로켓, 별) — 151
- 마트료시카 — 156
- 브런치(프라이팬, 베이컨, 달걀 프라이, 식빵) — 160

부록 지우개 스탬프 도안

- 이 책에 소개한 작품 도안 — 166
- 특별 추가 도안 — 172

일러두기

지우개 스탬프의 기초

· 기본 도구
· 지우개, 잉크
· 도안, 조각, 스탬핑하기
· 보관

기본 도구

지우개 스탬프 만들기는 기본 도구만 있으면 추가적으로 필요한 게 많지 않아요. 주재료인 지우개를 제외한 다른 도구들은 한 번 사두면 오랫동안 쓸 수 있답니다. 지우개를 사는 데 비용이 많이 들지 않는 것도 장점이에요. 지우개 스탬프를 만들기에 앞서 어떤 재료가 필요한지 알아봅니다.

1 연습장/종이

스탬프를 만들기 전 도안을 스케치할 때, 스탬프를 완성한 후 제대로 잘 조각했는지 찍어볼 때 필요합니다. 스탬프를 찍기 전에 종이에 잉크를 묻혀보아 색상을 확인하기도 합니다. 이면지를 활용해도 좋아요.

2 트레이싱지

도안을 지우개로 옮길 때 필요합니다. 너무 얇으면 구겨지기 쉬우므로 85g 이상의 트레이싱지를 선택하세요. 트레이싱지가 없으면 종이호일을 사용해도 좋아요.

3 지우개

스탬프를 조각할 때 사용할 것과 도안을 수정하거나 지울 때 사용할 것이 필요합니다. 후자라면 스탬프를 만들 때 잘라낸 조각을 써도 됩니다. 자세한 설명은 14~16쪽.

4 연필/샤프

도안을 스케치하거나, 도안 위에 트레이싱지를 놓고 그대로 베껴 그릴 때 씁니다. 비교적 가늘고 또렷한 선을 그릴 수 있기 때문에 연필보다는 샤프가 편리합니다. 샤프는 보통 0.5mm를 쓰는데, 더 두꺼운 선을 그릴 때는 0.7~1.0mm도 사용해요.

6 커팅매트

책상이나 바닥이 훼손되지 않도록, 조각할 때 밑에 까는 매트예요. 조각이 끝난 다음 지우개 부스러기를 한데 모아 버리기에도 편합니다. 커팅매트가 없다면 두꺼운 종이를 깔고 작업하세요.

7 디자인커터

'아트나이프'라고도 합니다. 펜을 쥐듯 잡고 조각을 해나가면 됩니다. 손에 익숙해지면 별도의 조각도 없이 디자인커터만으로 스탬프를 완성할 수 있어요. 엘머스(Elmer's), 올파(Olfa), 엔티커터(NT Cutter) 등의 브랜드가 있으며, 가격은 5,000~1만5,000원대로 다양합니다. 가격이나 브랜드 상관없이 손에 쥐기 편한 것으로 고르면 됩니다.

8 조각도

익숙해지면 디자인커터만으로 조각이 가능하지만, 조각도를 같이 사용해도 괜찮아요. 이 책에서는 초보자들이 어렵게 느끼지 않도록 조각도를 같이 사용했어요. 조각도는 기본적으로 V, U, ㅡ 3가지 모양만 있으면 됩니다. V자형은 가는 선이나 둘레를 파낼 때, U자형은 넓은 면적을 파낼 때, 일자형은 지우개의 모양을 다듬거나 자를 때 사용합니다.
조각도의 가격은 1,000원대에서 몇 만 원대까지 천차만별이지만, 초보자라면 저렴한 조각도로도 충분합니다.

5 잉크/잉크패드

스탬프를 찍을 때 씁니다. 잉크와 잉크패드는 다양한 종류가 나와 있으니 원하는 색상과 용도대로 골라 쓰면 됩니다. 자세한 설명은 17~19쪽.

9 커터칼

도안을 지우개에 옮긴 다음, 지우개를 큰 덩어리로 자르거나 모서리 등을 잘라낼 때 사용합니다. 일자 조각도를 쓸 때보다 깔끔하게 자를 수 있어요.

지우개

지우개의 종류

1 일반 지우개

어디서든 쉽게 구할 수 있고 가격이 저렴한 편입니다. 크게 학습용이나 미술용으로 나눌 수 있고 수입품도 있어요. 가격은 300~1,000원대. 조각 전용 지우개가 아니므로 무르기나 성질이 다양합니다.

설명 크기가 커서 '왕지우개'라 부른다.
장점 크기에 비해 가격이 싸다.
지우개 가루가 잘 생기지 않는다.
단점 조각용으로는 조금 단단하고 질긴 편이다.

설명 톰보 미술용 지우개.
장점 조각도로 조각하기 편하다.
단점 수입품으로, 크기에 비해 가격이 비싸다.

설명 애드플러스 지우개.
다이소에서 살 수 있다.
장점 부드러워 조각하기 편하다.
단점 크기가 작다.
지우개 가루가 생긴다.

설명 사쿠라 라딕 지우개.
장점 프탈레이트 성분이 들어 있지 않은 안전한 제품.
지우개 가루가 잘 생기지 않는다.
단점 수입품으로,
크기가 작은 편이며 비싸다.

TIP 프탈레이트란?

플라스틱을 부드럽게 만드는 화학첨가제. 환경호르몬 추정물질로 식품용기나 어린이용 제품에 사용이 금지되어 있지만 지우개에는 아직도 많이 쓰인다. 지우개 포장에 '프탈레이트계 가소제가 용출될 수 있으니 지우개를 입에 넣지 말라'는 경고 문구가 적혀 있는지 살펴볼 것. 이왕이면 프탈레이트가 들어 있지 않은 제품을 고르는 것이 좋다.

2 스탬프 전용 지우개

스탬프를 조각하기에 가장 좋습니다. 하지만 일반적으로
많이 쓰는 제품은 일본 제품이어서 아마존재팬(www.amazon.co.jp)이나
라쿠텐(global.rakuten.com/ko) 등 해외 사이트에서 '직구'하거나 구매대행
사이트를 통해 구매해야합니다. 가격은 환율에 따라 변동이 있으나,
일반 엽서 크기 기준 6,000원대입니다.

 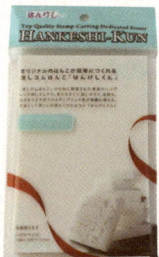 

호루나비
· 윗면만 색깔이 달라 조각한 부분을
  확인하기 쉽다.
· 크기가 다양해(제일 큰 게 엽서 크기)
  큰 스탬프도 만들 수 있다.
· 지우개 가루가 잘 생기지 않는다.
· 다양한 도안을 제공한다.

한케시쿤
· 크기가 다양해(제일 큰 게 엽서 크기)
  큰 스탬프도 만들 수 있다.
· 지우개 가루가 잘 생기지 않는다.
· 색상이 다양하다.

구매 요령

1 적당히 단단한 것이 좋아요

지우개가 너무 물렁하면 조각칼이 밀리는 느낌이 들어 정확하게
조각하기 어려워요. 잉크를 묻혀 찍을 때 깔끔하게 찍히지 않을 수도 있어요.
손으로 눌렀을 때 움푹 들어갈 정도로 연성(부드럽고 무르며 연한 성질)이
강한 것보다는 적당히 단단한 것을 선택하세요.

단단한 지우개 물렁한 지우개

2 표면이 평평한지 확인하세요

지우개 표면이 올록볼록하거나 둥글게 굽어 있으면 잉크를 묻혀 찍었을 때
깔끔한 결과물을 얻을 수가 없어요. 표면에 무늬가 없고 평평한 지우개를
골라 사용하세요.

3 한두 개만 사서 사용해보세요

저렴하다고 한꺼번에 많이 사지는 마세요. 처음 시작할 때는
한두 개 정도 사서 조각하기에 적합한지 테스트해보는 것이 좋아요.

잉크

잉크의 종류

다이 잉크 Dye Ink

염료계 잉크로 건조 속도가 빠릅니다. 대부분 수성이지만 유성 잉크도 있어요. 다이 잉크는 색이 선명하고 섬세한 표현이 가능합니다. 잉크가 종이에 스며들면 약간 번지며 광택지와 비광택지 어떤 종이에도 잘 찍힙니다. 스탬핑 후 스탬프에 잉크 잔여물이 거의 남지 않아 닦아내기도 수월합니다. 대부분의 다이 잉크는 작품 보존성이 좋지만(acid-free. 산화방지제가 들어 있어 다른 잉크에 비해 산화 속도가 훨씬 더딤) 햇빛을 받고 시간이 지나면 색깔이 바랠 수 있습니다. 수성: 디스트레스 잉크(Distress Ink), 메멘토(Memento), 히어로 아트 섀도 잉크(Hero Arts Shadow Ink) / 유성: 아카이벌 잉크(Archival Ink)

펄 잉크 Pearl Ink

초크 잉크와 같이 피그먼트 잉크의 일종이에요. 은은한 펄감이 고급스럽고 화려합니다. 브릴리언스(Brilliance)

피그먼트 잉크 Pigment Ink

안료계 잉크로 다이 잉크와 달리 소량의 고밀도 색입자로 되어 있어 종이에 스며들지 않습니다. 대부분 수성이지만 유성 잉크도 있어요. 끈적하고 건조 속도가 느리지만 색이 선명하고 엠보싱 작업이 가능해요. 스탬핑 후 잉크 잔여물을 물티슈로 닦아도 되지만 어두운 색상은 스탬프 클리너로 닦는 게 좋아요. 수성: 벌사 컬러(Versa Color), 벌사 크래프트(Versa Craft), 아이 러브 유 컬러(I Love You Color) / 유성: 벌사 파인(Versa Fine)

초크 잉크 Chalk Ink

다이 잉크의 속건성(액체가 공기 중에서 빨리 마르는 성질)과 피그먼트 잉크의 지속성을 모두 갖춘 잉크입니다. 색이 잘 섞이며, 보송보송하고 부드러운 느낌을 낼 수 있어요. 벌사 매직(Versa Magic), 컬러박스 캐츠 아이(Colorbox Cat's Eye)

패브릭 잉크 Fabric Ink

섬유 전용 잉크로 천 위에 스탬핑한 다음 다리미로 열을 가하면 세탁해도 잉크가 지워지지 않아요. 패브릭뿐만 아니라 나무, 폴리머 클레이, 가죽 등에도 사용 가능합니다. 벌사 크래프트(Versa Craft)

솔벤트 잉크 Solvent Ink

유성 잉크로 물에 번지지 않으며 보존성이 가장 높습니다. 종이, 나무, 유리, 클레이, 플라스틱 등 다양한 소재에 스탬핑이 가능합니다. 건조 속도가 빠르고, 스탬핑 후 전용 클리너로 닦아야 합니다. 스태즈 온(Staz On)

엠보싱 잉크 Embossing Ink

대부분 무색이며, 연노랑색이나 연분홍색도 있습니다. 건조 속도는 느린 편입니다. 스탬핑한 다음 엠보싱 파우더를 뿌려 열처리하면 엠보싱 효과를 낼 수 있습니다. 벌사 마크(Versa Mark), 디스트레스 엠보싱 잉크(Distress Embossing Ink)

잉크의 종류와 사용처 (◎ 아주 좋음, ○ 보통, △ 사용할 수 있지만 추천하지 않음)

	종이	아트지	한지	섬유	나무	가죽	폴리머클레이	플라스틱	유리금속
다이 잉크	◎	○	△						
피그먼트 잉크	◎	△	○						
패브릭 잉크	◎	△	○	◎	◎	○	◎		
초크 잉크	◎	○	○	○	○	○	○	○	○
펄 잉크	◎	○	○	○	○	○	○	○	○
솔벤트 잉크	○	◎	◎	△	△	△		◎	◎
엠보싱 잉크	◎	◎						◎	◎

잉크패드의 종류

아이 러브 유 컬러 I Love You Color

국내 제품으로 가격이 저렴합니다. 메탈, 펄, 네온, 파스텔, 일반 컬러 등 다양한 색상이 있습니다. 종이에 찍기 적합합니다.

벌사 크래프트 Versa Craft

천, 나무, 폴리머 클레이, 가죽 등 다양한 재료에 사용할 수 있습니다. 천에 스탬핑한 다음 다리미로 열을 가하면 지워지지 않아요. 나무나 클레이 제품에 사용할 때는 드라이어나 히터의 따뜻한 바람으로 충분히 말리세요.

스태즈 온 Staz On

건조가 빠르며 플라스틱, 메탈, 유리, 세라믹, 가죽 등 다양한 재료에 사용할 수 있습니다. 단, 재료에 따라 건조 시간에 차이가 있습니다. 리필용 잉크도 따로 판매하고 있어 마른 패드에 잉크를 떨어뜨려서 계속 사용할 수 있어요.

옴버 Ombre

연한 색깔에서 짙은 색깔로 그러데이션이 자연스러운 스탬프입니다. 세 가지 톤이 서로 달라 농담 효과를 줄 때 유용합니다.

벌사 파인 Versa Fine

종이에 찍기 적합하며 물에 번지지 않는 유성 피그먼트 잉크입니다. 일반 피그먼트 잉크보다 양이 많아 두 배가량 많이 찍을 수 있습니다. 가격은 비싼 편이며 리필용 잉크도 있습니다.

스태즈 온

벌사 크래프트　　　　벌사 파인

옐로 아울 워크숍 크로마 잉크패드 Yellow Owl Workshop Chroma Ink Pad

여러 가지 색상의 잉크가 세트로 구성되어 있습니다. 잉크패드의 스펀지가 많이 푹신한 편이며, 선명한 색감보다 자연스러운 색감을 좋아하는 분들에게 추천합니다.

크리스털 크래프트 잉크패드 Crystal Craft Ink Pad

섬유, 나무, 종이 등에 사용할 수 있는 유성 피그먼트 잉크입니다. 충분히 건조하면 물에 닿아도 번지지 않습니다. 적당한 농도로 섬세한 표현이 가능하며 색상이 선명합니다. 가격이 저렴한 편입니다.

벌사 매직 Versa Magic

나무, 천, 가죽, 메탈 등 다양한 재료에 사용할 수 있습니다. 매트한 느낌의 초크 잉크로 불투명도가 높아 어두운 색지에도 스탬핑이 가능합니다.

벌사 컬러 Versa Color

잘 번지지 않아 섬세하고 매트한 표현이 가능합니다. 시간이 지나도 색상이 변하지 않고 종이에 찍기 적합합니다. 다양한 색상이 있으며, 가격은 국내 제품보다 2배가량 비쌉니다.

컬러 팔레트 Color Palette

하나에 여러 가지 색상이 들어있는 그러데이션 스탬프입니다. 가격이 비싼 편이지만 그러데이션 효과를 쉽게 낼 수 있고, 작은 스탬프는 원하는 색상만 골라 찍을 수도 있습니다.

벌사 컬러

옐로 아울 워크숍 크로마 잉크패드

컬러 팔레트

메멘토 Memento

수성 다이 잉크로 빨리 마르고 보존성이 좋지만, 번지는 성질이 있습니다. 가격은 비싼 편으로 큰 사이즈와 물방울 모양의 작은 사이즈가 있습니다. 물방울 모양은 뾰족한 부분을 이용해 스탬프 구석구석 잉크를 묻히기 좋습니다.

7321 디자인 잉크패드 7321 Design Ink Pad

유성 잉크로 종이, 가죽, 패브릭, 천 등 다양한 곳에 찍을 수 있습니다. 패드 부분이 다른 잉크에 비해 두툼하며 표면이 울퉁불퉁한 편입니다. 잉크가 빨리 마르며 섬세한 스탬프에도 잘 찍힙니다.

도안

양각, 음각이란?

양각은 그림의 선을 남기고 면을 파내는 것을 말하며, 전체적으로 심플한 느낌을 줍니다. 스탬핑할 때 그러데이션 효과를 내거나 색을 나눠서 찍기보다는, 한 번에 한 가지 색을 쓰거나 겹쳐 찍기에 좋아요.

음각은 그림의 면을 남기고 선을 파내는 것을 말하며, 잉크가 묻는 면적이 넓어 강하고 진한 느낌을 줍니다. 한 가지 색을 쓰거나 겹쳐 찍는 것도 좋고, 그러데이션 효과를 내거나 색을 나눠 찍는 것도 어울립니다.

양각이나 음각 어느 하나만 해도 스탬프를 완성할 수 있지만, 좀 더 섬세하고 풍부한 표현을 위해 한 작품에 양각과 음각을 함께 쓰기도 합니다.

양각

음각

양각+음각

도안 그리기

도안을 그릴 때는 파내지 않을 부분(스탬핑 했을 때 찍혀 나오는 부분)을 검은색으로 칠하고, 파낼 부분을 흰 여백으로 남깁니다.
하지만 도안을 트레이싱지로 옮길 때는 검은색으로 칠한 면도 흰 여백으로 남기는 것이 좋아요. 지우개에 옮겨 바로 조각해야 하는데, 파내지 않을 부분을 검은색으로 칠하면 조각을 마치고 난 뒤에도 지우개 표면이 지저분해질 수 있기 때문입니다.
이 책에서도 도안에는 양각과 음각 부분을 구분해 표시하고, 지우개 표면의 그림(트레이싱지로 옮긴 결과물)에는 표시하지 않았어요. 필요한 경우 과정 부분에 설명해 놓았습니다.

도안 그리기(실제 크기 도안 172쪽)

도안을 옮길 때는 음각 부분도 선으로만 표시한다.

도안 옮기기

1 도안을 준비한다.

2 도안 위에 트레이싱지를 올려놓고 샤프로 덧그린다.

3 도안을 트레이싱지에 옮긴 모습.

4 그림을 그린 면이 지우개에 닿도록 트레이싱지를 뒤집어 위치를 맞춘다. 트레이싱지가 움직이지 않게 왼손으로 고정하고 오른손의 엄지나 검지로 그림 부분을 문지른다.

5 도안이 잘 옮겨지는지 트레이싱지를 살짝 들어 확인한다.

6 도안 옮기기 완성.

조각

조각하기의 기본

1 커팅매트를 깔고 조각할 지우개를 놓는다.
2 도안 크기에 맞춰 지우개 여분을 커터칼로 잘라낸다. 여분이 적을수록 둘레를 조각할 때 수월하다.
3 디자인커터는 칼날의 뾰족한 부분이 위쪽을 향하도록, 연필을 잡듯이 자연스럽게 쥔다.
4 지우개를 놓고 양손을 바닥에 붙여 안정된 자세로 조각한다.
5 디자인커터를 잡은 손은 위에서 아래로 움직이고, 다른 한 손으로 지우개를 돌려가며 조각한다.
6 조각했을 때 떨어져나가는 부분은 엄지를 사용해 분리하거나 떼어낸다.
7 여백이 넓은 옆면은 칼날을 수평으로 넣어 슬라이스하듯 잘라낸다.
8 칼을 사용하지 않을 때는 뚜껑(캡)을 꼭 씌워둔다.

조각 기법

1 사선 파기(/)

1) 직선

디자인커터 날이 안쪽(두 손의 가운데)을 향하도록 비스듬히 넣고, 위에서 아래로 칼을 움직인다.

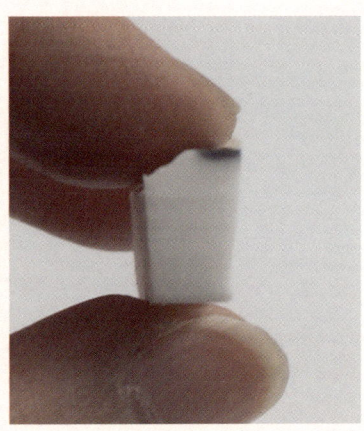

2) 곡선, 둘레

- 디자인커터 날이 안쪽(두 손의 가운데)을 향하도록 비스듬히 넣고, 지우개를 시계 방향으로 돌리면서 판다.
- 하나의 곡선은 날을 빼지 않고 한 번에 그어야 매끄럽게 완성된다.
- 각도가 바뀌는 부분에서는 선에 맞춰 칼날을 다시 넣는다.

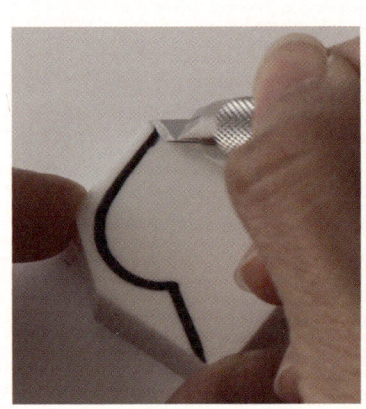

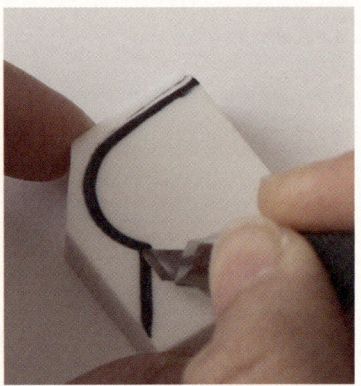

3) 작은 원형
- 칼날이 원형의 안쪽을 향하도록 비스듬히 넣고, 지우개를 시계 반대 방향으로 돌리면서 판다.
- 한 바퀴 돌 때까지 날을 빼지 않고 한 번에 조각한다.
- 파낸 부분은 날 끝으로 찍어 떼어낸다.

4) 작은 세모, 작은 네모
- 칼날이 세모나 네모의 안쪽을 향하도록 비스듬히 넣고, 위에서 아래로 칼을 움직인다.
- 각도가 바뀌는 부분에서는 선에 맞춰 칼날을 다시 넣는다.
- 파낸 부분은 날 끝으로 찍어 떼어낸다.

2 V자 파기(V)

1) 직선이나 곡선

- 디자인커터 날이 안쪽을 향하도록 비스듬히 넣고, 위에서 아래로 칼을 움직인다.
- 지우개를 180도 돌려놓고, 도안 선에서 2~3mm 떨어진 면에 칼날을 비스듬히 넣어 V자 모양의 홈이 파이도록 위에서 아래로 칼을 움직인다.
- 파낸 부분은 날 끝으로 찍어 떼어낸다.

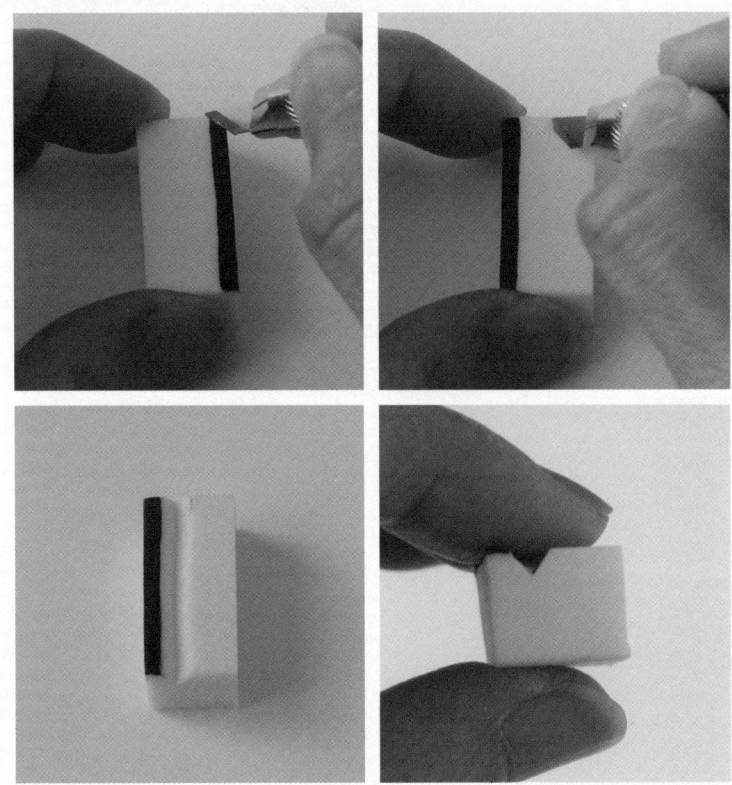

2) 둘레
- 디자인커터를 도안 선 바깥쪽에, 칼날이 더 바깥쪽을 향하도록 비스듬히 넣어 그어 나간다. 지우개는 시계 방향으로 돌린다.
- 도안 선에서 2~3mm 떨어진 바깥 면에서 안쪽으로 디자인커터 날을 비스듬히 넣어, 도안 선의 외곽을 따라 V자 홈이 생기도록 조각한다. 이때 지우개는 시계 반대 방향으로 돌리며 작업한다.
- 파낸 부분은 날 끝으로 찍어 떼어낸다.

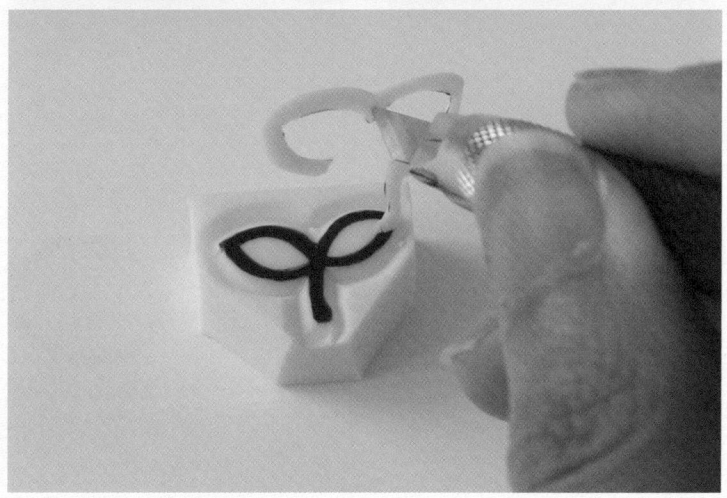

3) 원형
- 디자인커터를 도안 선 안쪽에, 날이 더 안쪽을 향하도록 비스듬히 넣고, 지우개를 시계 반대 방향으로 돌리면서 판다.
- 한 바퀴 돌 때까지 날을 빼지 않고 한 번에 조각한다.
- 도안 둘레에 V자 홈을 낼 때와 같은 요령으로 더 안쪽 면에 칼날을 넣어 홈을 파나 간다. 이때 지우개는 시계 방향으로 돌리며 작업한다.
- 파낸 부분은 날 끝으로 찍어 떼어낸다.

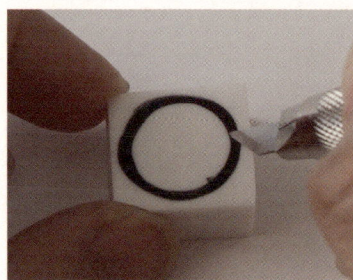
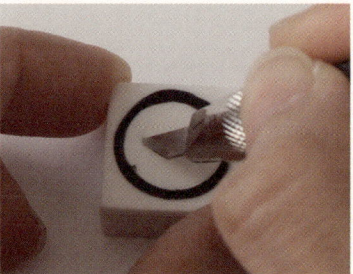

4) 세모, 네모

- 디자인커터를 도안 선 안쪽에, 날이 더 안쪽을 향하도록 비스듬히 넣고, 위에서 아래로 칼을 움직인다. 이때 지우개는 시계 반대 방향으로 돌리며 작업한다.
- 각도가 변하는 부분에서는 선에 맞춰 다시 날을 넣어 작업한다.
- 둘레에 V자 홈을 낼 때와 같은 요령으로 더 안쪽 면에 칼날을 넣어 홈을 파나간다. 이때 지우개는 시계 방향으로 돌리며 작업한다.
- 파낸 부분은 날 끝으로 찍어 떼어낸다.

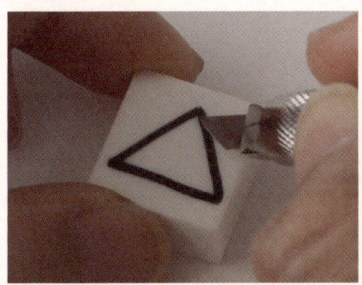
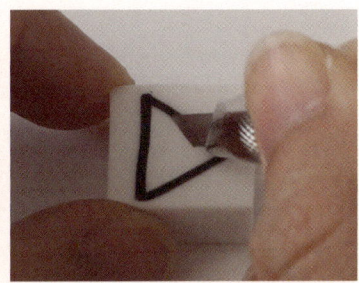

3 가는 선 파기

디자인커터를 사용해도 되지만 V자 조각도를 사용하면 훨씬 수월하게 팔 수 있다.

4 작은 구멍 내기

샤프펜슬, 이쑤시개, 송곳 등으로 찔러 구멍을 낸다.

5 넓은 면 파기

테두리 안쪽의 넓은 부분을 팔 때에는 U자 조각도를 사용한다.
U자 조각도를 아래에서 위 방향으로 움직이면서 파낸다.

스탬핑하기

스탬핑을 할 때는 스탬프를 책상에 내려놓고, 잉크패드로 스탬프를 톡톡 두드려 잉크를 묻힙니다. 이렇게 하면 잉크가 잘 묻었는지 눈으로 확인하기 편하며, 잉크를 스탬프 표면에 고르게 묻힐 수 있습니다. 하지만 스탬프가 작다면 잉크패드를 내려놓고 스탬프를 들어 잉크를 묻혀도 됩니다.

1 한 번 또는 여러 번 찍기

하나의 스탬프에 한 가지 잉크를 묻혀서 찍거나 잉크 색깔을 바꿔 가며 여러 번 찍습니다. 똑같은 모양이라도 색깔을 바꾸면 느낌이 달라집니다(실제 크기 도안 172쪽).

TIP
잉크를 바꿔 찍을 때는 휴지나 천에 스탬프 전용 클리너를 묻혀 지우개 표면을 닦는다. 잉크를 바꿔 찍어도 색깔이 섞이지 않아 깨끗한 결과물을 얻을 수 있다.

2 그러데이션 효과 내기

연한 색상부터 진한 색상까지 농도의 차이로 다채로운 느낌을 연출합니다. 그러데이션 잉크를 사용해서 찍어도 좋고, 밝은 색부터 차례로 잉크를 묻혀 찍어도 좋습니다. 크기가 큰 스탬프에 어울리는 기법입니다.

3 색 나눠 찍기

하나의 스탬프에 두 개 이상의 잉크를 묻혀서 찍습니다. 색을 나눠 찍는 것만으로도 다채로운 연출을 할 수 있으며, 색의 경계 부분에 잉크가 섞이면서 자연스럽게 그러데이션 효과가 생깁니다. 잉크는 옅은 색부터 찍으세요.

4 겹쳐 찍기

두 개 이상의 스탬프를 겹쳐 찍어 하나의 그림을 만들 수 있습니다.
잉크 색깔이 섞이지 않도록 먼저 찍은 잉크가 다 마른 다음 찍습니다. 또한 연한 색상을 먼저 찍은 다음 진한 색상을 찍는 게 좋습니다(실제 크기 도안 172쪽).

보관

지우개는 플라스틱과 만나면 녹는 성질이 있습니다. 되도록 종이나 나무로 된 상자에 보관하고, 플라스틱 위에 둘 때는 종이를 깔아 직접적인 접촉을 피합니다. 또한 직사광선을 피해 서늘한 곳에 보관하세요.

서류함

스탬프를 깔끔하게 정리할 수 있고, 단마다 라벨을 붙여 놓으면 원하는 스탬프를 찾기 쉬워요. 바닥에 종이를 깔고 사용하세요.

종이상자

빈 종이상자를 스탬프 보관함으로 활용해도 좋습니다. 별도의 비용은 들지 않지만 내구성이 약해 오래 사용할 수 없는 것이 단점이에요.

파일케이스/멀티케이스

파일케이스나 멀티케이스에 보관하면 윗면이 투명해 내용물을 확인하기 편해요. 바닥에 꼭 종이를 깔고 사용하세요.

나무상자

높이가 낮은 나무상자나 트레이, 서랍도 스탬프를 보관하기에 적합합니다. 간혹 나무에 녹아 붙는 지우개도 있으니, 되도록 바닥에 종이를 깔고 사용하세요.

CHAPTER 1
ANIMALS

- 홍학　　★★★★
- 여우　　★★★★★
- 펭귄　　★★★★★
- 금붕어　★★★★
- 범고래　★★★
- 퍼핀　　★★★★★

| CHAPTER 1 ANIMALS | 난이도 | 홍학 | 포장부터 특별한 선물은 어떨까요? 한지에 스탬프를 찍어 세상에 하나뿐인 포장지를 만들어보세요. |

★ ★ ★ ★ ☆

준비물

- **잉크패드: 색**
  벌사 컬러: 57 Old Rose, 61 Olive
  옐로 아울 워크숍 크로마 잉크패드
  : Green

- **지우개(가로×세로)**
  홍학 1: 5.0×4.0cm
  홍학 2: 3.0×6.0cm
  나뭇잎 1: 3.0×3.7cm
  나뭇잎 2: 2.5×3.2cm

- **조각칼**
  디자인커터, V자 조각도, 송곳

분홍색과 초록색 조합이 예쁜 플라밍고 패턴이에요.
두 마리 홍학의 모습을 조금 다르게 조각한 것이 포인트예요.

HOW TO MAKE

홍학 1

홍학 2도 이 순서와 방법을 참고해 조각하면 된다. 도안은 166쪽.

1. 홍학 도안을 지우개에 옮기고, 사진의 빨간 선 부분을 커터칼로 잘라낸다.
2. **V자 파기** 홍학 외곽선 바깥쪽으로 디자인커터 날을 비스듬히 넣고, 선a을 따라 판다. 지우개를 시계 방향으로 돌리며 작업한다.
3. **V자 파기** 홍학 외곽선 옆으로 V자 홈이 생기도록, 2~3mm 떨어진 위치에 디자인커터 날을 안쪽으로 비스듬히 넣고 선을 따라 판다. 지우개를 시계 반대 방향으로 돌리며 작업한다.
4. 파낸 부분은 날 끝으로 찍어 떼어낸다. 홍학 외곽선에 V자 모양의 홈이 파인 모습.

5 남은 여백은 옆에서 수평으로 칼날을 넣어 슬라이스하듯 잘라내거나 U자 조각도로 조금씩 파낸다.

6 홍학의 다리 사이 여백은 디자인커터 날을 비스듬히 넣어 도려낸다. 각도가 바뀌는 지점에서는 선에 맞춰 날을 다시 넣어 판다.

7 부리의 위쪽 부분은 디자인커터 날을 비스듬히 넣고 지우개를 시계 반대 방향으로 돌리면서 도려낸다.

8 몸통의 날개와 부리 끝 부분의 선은 V자 조각도를 이용해 아래에서 위 방향으로 판다.

9 눈은 송곳으로 찔러 구멍을 낸다.

• 완성.

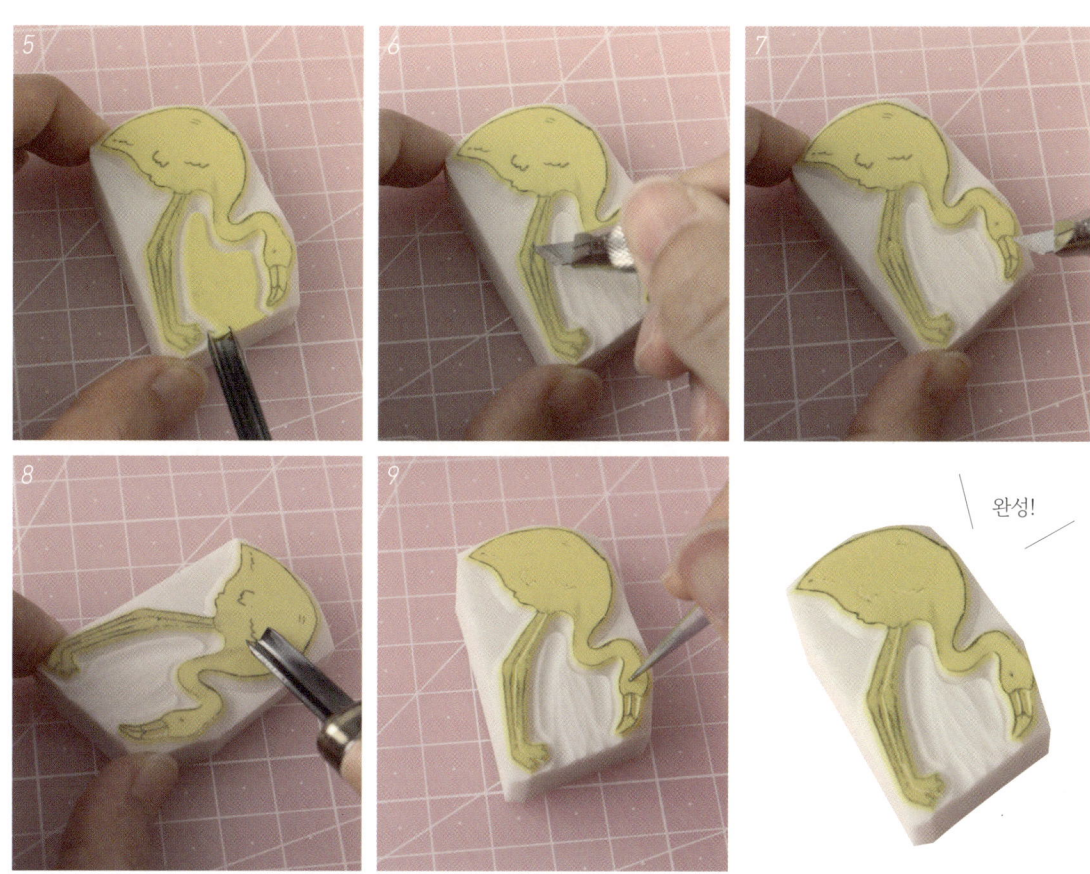

완성!

HOW TO MAKE

나뭇잎 1

1. 나뭇잎 도안을 지우개에 옮기고, 사진의 빨간 선 부분을 커터칼로 잘라낸다.
2. **V자 파기** 도안 외곽선 바깥쪽으로 디자인커터 날을 비스듬히 넣고, 선을 따라 판다. 지우개를 시계 방향으로 돌리며 작업한다.
3. **V자 파기** 도안 외곽선 옆으로 V자 홈이 생기도록, 2~3mm 떨어진 위치에 디자인커터 날을 안쪽으로 비스듬히 넣고 선을 따라 판다. 지우개를 시계 반대 방향으로 돌리며 작업한다.
4. 파낸 부분은 날 끝으로 찍어 떼어낸다. V자 모양의 홈이 파인 모습.
5. 남은 여백은 옆에서 수평으로 칼날을 넣어 슬라이스하듯 잘라낸다.
- 완성.

HOW TO MAKE

나뭇잎 2

1. 나뭇잎 도안을 지우개에 옮기고, 사진의 빨간 선 부분을 커터칼로 잘라낸다.
2. **사선 파기** 디자인커터 날을 비스듬히 넣고, 지우개를 시계 방향으로 돌리면서 전체 윤곽부터 먼저 사선 파기 한다.
3. 다음으로 잎과 잎 사이를 파는데, 디자인커터 날을 비스듬히 넣고 위에서 아래로 칼을 움직이며 판다.
4. 외곽의 여백은 옆에서 수평으로 칼날을 넣어 슬라이스하듯 잘라낸다. 잎 사이사이 좁은 공간은 '작은 세모 파기'(25쪽)와 같이 파낸다.
- 완성.

완성!

CHAPTER 1 · ANIMALS

난이도 ★★★★★

여우

여우와 나뭇잎 스탬프(64쪽)를 함께 찍어 완성한 티코스터예요. 천으로 만든 다른 소품에도 찍어보세요.

준비물

· **잉크패드: 색**
 메멘토: Tangelo
 스태즈 온: Pumpkin

· **지우개(가로×세로)**
 3.3×3.2cm

· **조각칼**
 디자인커터, V자 조각도

눈이 매력적인 여우예요.
꼬리 쪽에 짧은 선들을 넣어 털 느낌을 살렸어요.

HOW TO MAKE

여우

1 여우 도안을 지우개에 옮기고, 사진의 빨간 선 부분을 커터칼로 잘라낸다.
2 **V자 파기** 도안 외곽선 바깥쪽으로 디자인커터 날을 비스듬히 넣고, 선을 따라 판다.
3 **V자 파기** 도안 외곽선 옆으로 V자 홈이 생기도록, 2~3mm 떨어진 위치에 디자인커터 날을 안쪽으로 비스듬히 넣고 선을 따라 판다. 칼은 위에서 아래 방향으로 움직인다.
4 파낸 부분은 날 끝으로 찍어 제거한다. V자 모양의 홈이 파인 모습.
5 옆면의 여백은 옆에서 수평으로 긴날을 넣어 슬라이스하듯 잘라낸다.
6 나리 사이 여백은 칼닐을 비스듬히 넣고 지우개를 시계 반대 방향으로 돌리며 도려낸다.

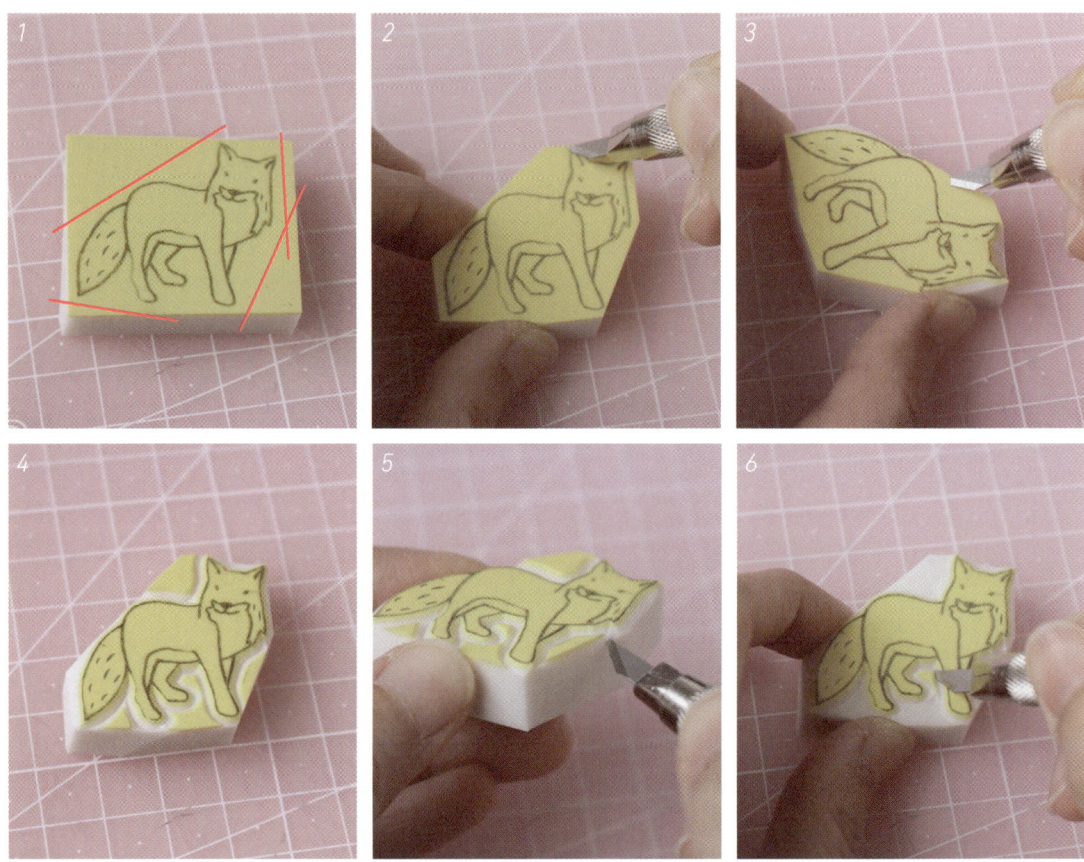

7 눈, 주둥이, 배 부분은 디자인커터 날이 안쪽을 향하도록 비스듬히 넣고 지우개를 시계 반대 방향으로 돌리면서 도려낸다.

8 **V자 파기** 가슴 부분은 도안선 안쪽으로 디자인커터 날을 비스듬히 넣고, 지우개를 시계 반대 방향으로 돌리면서 판다.

9 **V자 파기** 가슴 도안선 안쪽으로 V자 홈이 생기도록, 2~3mm 떨어진 위치에 디자인커터 날을 비스듬히 넣고 지우개를 시계 방향으로 돌리면서 판다.

10 파낸 부분은 날 끝으로 찍어 떼어내고, 남은 여백은 **7**과 같은 방법으로 도려낸다.

11 여우 꼬리, 귀, 다리의 가는 선은 V자 조각도를 이용해 판다.

- 완성.

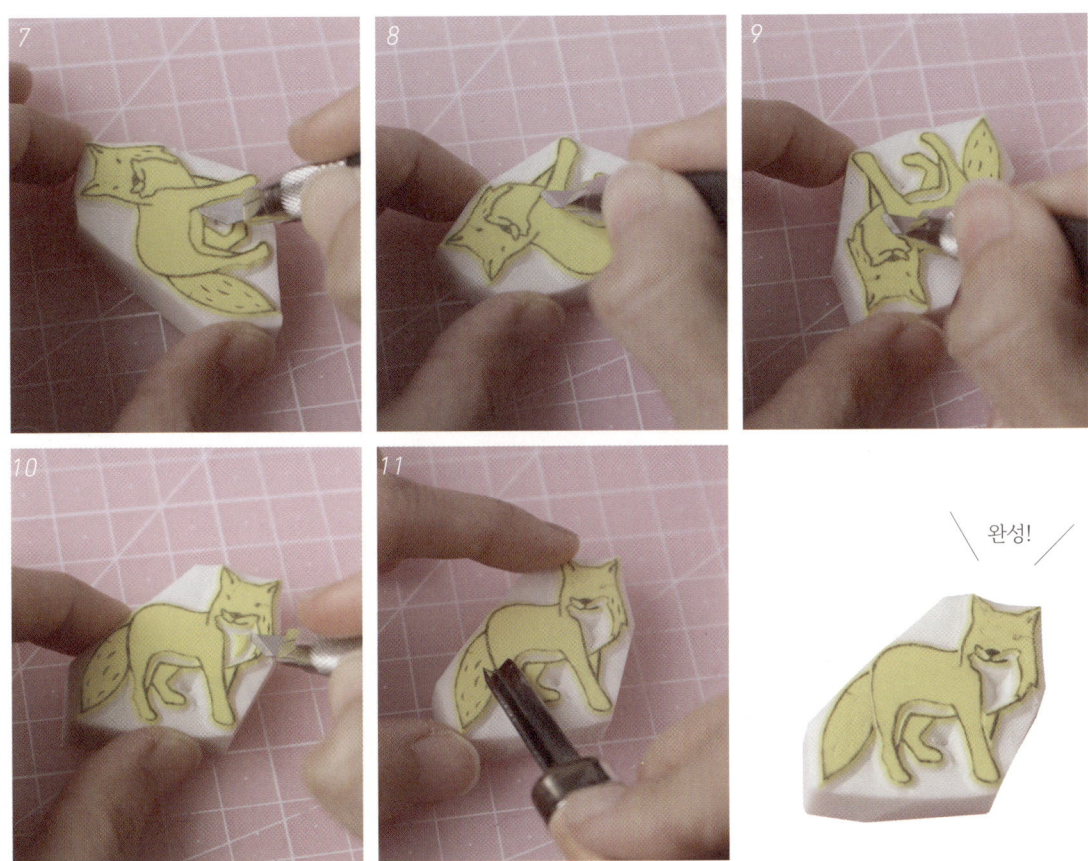

CHAPTER 1 ANIMALS

난이도 ★★★★★

펭귄

동그란 나무조각에 스탬프를 찍은 다음 뒷면에 핀을 달면 귀여운 브로치 완성. 핀 대신 자석을 붙여서 활용해도 좋아요.

준비물

- **잉크패드: 색**
  스태즈 온: Timber Brown
- **지우개(가로×세로)**
  2.5×2.5cm
- **조각칼**
  디자인커터, U자 조각도

펭귄이 신나게 달려가다 그만 넘어집니다. 각도를 바꿔 찍으면 이렇게 생동감 있는 연출도 가능해요.

HOW TO MAKE

펭귄

1 펭귄 도안을 지우개에 옮기고, 사진의 빨간 선 부분을 커터칼로 잘라낸다.
2 **사선 파기** 디자인커터 날을 비스듬히 넣고, 지우개를 시계 방향으로 돌리면서 도안 외곽선을 따라 판다.
3 **V자 파기** 가슴 부분은 도안선 안쪽으로 디자인커터 날을 비스듬히 넣고, 지우개를 시계 반대 방향으로 돌리면서 판다.
4 **V자 파기** 가슴 도안선 안쪽으로 V자 홈이 생기도록, 2~3mm 떨어진 위치에 디자인커터 날을 비스듬히 넣고 지우개를 시계 방향으로 돌리면서 판다.

5 파낸 부분은 날 끝으로 찍어 떼어내고, 남은 여백은 U자 조각도를 이용해 파낸다.
6 왼쪽 날개 부분은 디자인커터 날이 안쪽을 향하도록 비스듬히 넣고, 지우개를 시계 반대 방향으로 돌리면서 도려낸다.
7 **V자 파기** 펭귄 눈동자 라인 외곽에 칼을 비스듬히 대고 지우개를 시계 방향으로 돌리며 판다.
8 **V자 파기** 눈동자 주위로 V자 홈이 생기도록 2~3mm 떨어진 위치에 디자인커터 날을 비스듬히 넣고, 지우개를 시계 반대 방향으로 돌리면서 판다.
9 얼굴의 남은 부분은 6과 같은 방법으로 도려낸다.
• 완성.

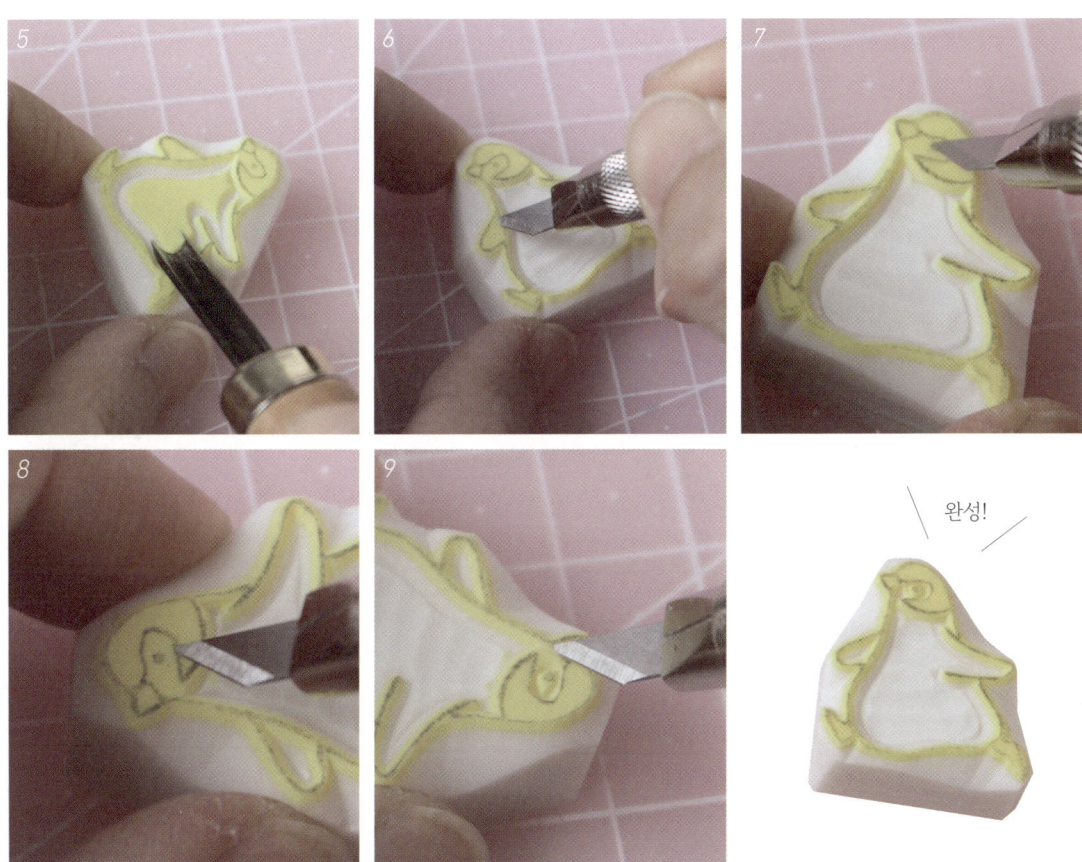

완성!

CHAPTER 1 ANIMALS

난이도 ★★★★☆

금붕어

금붕어 스탬프를 만들어 엽서를 꾸며보세요.
헤엄치듯 밸런스를 맞춰 찍는 것이 포인트예요.

준비물

· **잉크패드: 색**
옐로 아울 워크숍 크로마 잉크패드
: Red
크리스털 크래프트 잉크패드
: Red, Orange
스태즈 온: Mustard

· **지우개(가로×세로)**
금붕어 1: 3.5×2.0cm
금붕어 2: 2.5×3.2cm
금붕어 3: 3.0×2.5cm

· **조각칼**
디자인커터, V자 조각도

포즈가 다른 금붕어 세 마리예요.
색깔을 바꿔 여러 번 찍으면 훨씬 풍성해 보이는 효과가 있어요.

HOW TO MAKE

금붕어 1

금붕어 2와 3도 이 순서와 방법을 참고해 조각하면 된다. 도안은 166쪽.

1. 금붕어 도안을 지우개에 옮기고, 사진의 빨간 선 부분을 커터칼로 잘라낸다.
2. **V자 파기** 금붕어 외곽선 바깥쪽으로 커터 날을 비스듬히 넣고, 선을 따라 판다. 지우개를 시계 방향으로 돌리며 작업한다.
3. **V자 파기** 금붕어 외곽선 옆으로 V자 홈이 생기도록, 2~3mm 떨어진 위치에 디자인커터 날을 안쪽으로 비스듬히 넣고 선을 따라 판다. 지우개를 시계 반대 방향으로 돌리며 작업한다.
4. 파낸 부분은 날 끝으로 찍어 떼어낸다. 금붕어 외곽선에 V자 모양의 홈이 파인 모습.
5. 옆면의 여백은 수평으로 칼을 넣어 슬라이스하듯 잘라낸다.
6. 비늘, 지느러미 선, 눈 부분은 V자 조각도로 판다.
- 완성.

\ 완성! /

CHAPTER 1 · ANIMALS

난이도 ★★★☆☆

범고래

라벨지에 스탬프를 찍어 스티커를 만들었어요.
선물 포장이나 편지봉투에 사용해보세요.

준비물

- **잉크패드: 색**
  벌사 크래프트
  : 138 Sky Blue, 158 Sky Mist, 162 Midnight

- **지우개(가로×세로)**
  범고래: 3.2×1.7cm
  물결: 6.0×1.2cm

- **조각칼**
  디자인커터

범고래의 각도를 조금씩 바꿔 찍어보세요.
점프하는 모습을 생동감 있게 담을 수 있어요.
물결 스탬프도 여러 색으로 찍어보세요.

HOW TO MAKE

범고래

1. 범고래 도안을 지우개에 옮기고, 사진의 빨간 선 부분을 커터칼로 잘라낸다.
2. **사선 파기** 디자인커터 날을 비스듬히 넣고, 지우개를 시계 방향으로 돌리면서 도안 외곽선을 따라 판다.
3. **V자 파기** 여백이 넓게 남은 부분은 외곽선에서 2~3mm 떨어진 위치에 디자인커터 날을 비스듬히 넣고 위에서 아래 방향으로 작업해 V 홈을 판다.
4. 파낸 부분은 날 끝으로 찍어 제거한다.
5. 남은 여백은 옆에서 수평으로 칼날을 넣어 슬라이스하듯 잘라낸다.
6. 범고래의 눈 주위, 배 등은 디자인커터 날이 안쪽을 향하도록 비스듬히 넣고, 지우개를 시계 반대 방향으로 돌리며 도려낸다.
- 완성.

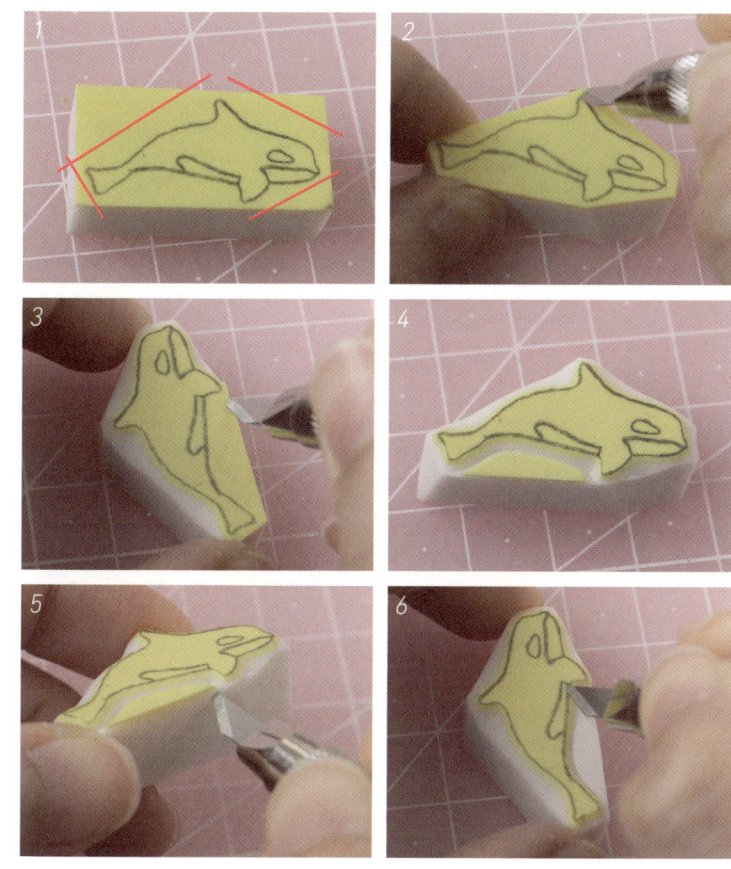

\ 완성! /

055

HOW TO MAKE

물결

1 물결 도안을 지우개에 옮기고, 사진의 빨간 선 부분을 커터칼로 잘라낸다.
2 **V자 파기** 디자인커터 날을 비스듬히 넣고, 선을 따라 칼을 위에서 아래 방향으로 움직여 판다. 이때, 물결 안의 원형은 파지 않고 남겨둔다.
3 **V자 파기** 지우개를 180도 돌려서 **2**에서 판 선을 따라 V자 홈이 생기도록, 2~3mm 떨어진 위치에 디자인커터 날을 안쪽으로 비스듬히 넣어 선을 따라 파내려간다.

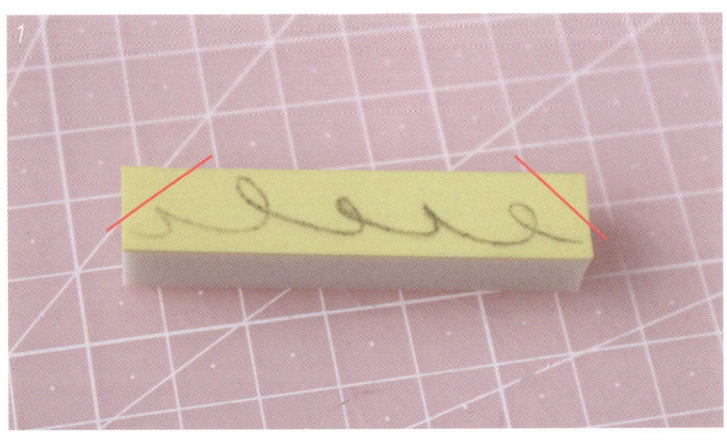

4 **V자 파기** 반대쪽도 2~3과 같은 방법으로 판다.
5 파낸 부분은 날 끝으로 찍어 제거한다. V자 모양의 홈이 파인 모습.
6 남은 여백은 옆에서 수평으로 칼날을 넣어 슬라이스하듯 잘라낸다.
7 물결 안의 원형은 디자인커터 날을 비스듬히 넣고, 지우개를 시계 반대 방향으로 돌리며 도려낸다.
- 완성.

CHAPTER 1 · ANIMALS

난이도 ★★★★★

퍼핀

스타일리시한 메모지예요. 스케줄러나
다이어리 등 직접 사용할 물건에 활용하면 좋아요.

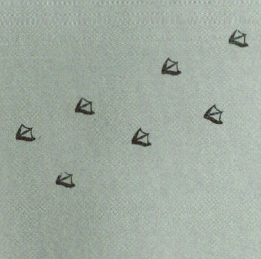

준비물

- **잉크패드: 색**
  스태즈 온: Jet Black
- **지우개(가로×세로)**
  퍼핀: 3.0×3.0cm
  퍼핀 발자국: 0.8×0.8cm
- **조각칼**
  디자인커터, U자 조각도

퍼핀과 발자국을 넣어 꾸민 패턴이에요.
퍼핀 발자국은 일렬로 나열해서 찍어도 좋고,
원하는 위치에 잔뜩 찍어도 재미있어요.

HOW TO MAKE

퍼핀

1 퍼핀 도안을 지우개에 옮기고, 사진의 빨간 선 부분을 커터칼로 잘라낸다.
2 **사선 파기** 디자인키터 날을 비스듬히 넣고, 지우개를 시계 방향으로 돌리면서 도안 외곽선을 따라 판다.
3 **V자 파기** 여백이 넓게 남은 부분은 외곽선에서 2~3mm 떨어진 위치에 디자인커터 날을 비스듬히 넣고 위에서 아래 방향으로 작업해 V자 홈을 판다.
4 파낸 부분은 날 끝으로 찍어 제거한다. V자 모양의 홈이 파인 모습.
5 남은 여백은 옆에서 수평으로 칼날을 넣어 슬라이스하듯 잘라낸다.
6 **V자 파기** 퍼핀의 몸통 부분은 선 인쪽으로 디자인커터 날을 비스듬히 넣고, 지우개를 시계 반대 방향으로 돌리면서 판다.

7 **V자 파기** 몸통 안쪽으로 V자 홈이 생기도록, 2~3mm 떨어진 위치에 디자인커터 날을 비스듬히 넣고 지우개를 시계 방향으로 돌리면서 판다.

8 파낸 부분은 날 끝으로 찍어 제거하고, 남은 여백은 U자 조각도로 파낸다.

9 **V자 파기** 얼굴 부분은 눈동자 라인 외곽에 칼을 비스듬히 대고 지우개를 시계 방향으로 돌리며 판다.

10 **V자 파기** 눈동자 주위로 V자 홈이 생기도록 얼굴 선 안쪽에 디자인커터 날을 비스듬히 넣고, 지우개를 시계 반대 방향으로 돌리면서 판다.

11 부리 무늬 부분에는 칼날을 비스듬히 넣고, 지우개를 시계 반대 방향으로 돌리면서 섬세하게 도려낸다.

- 완성.

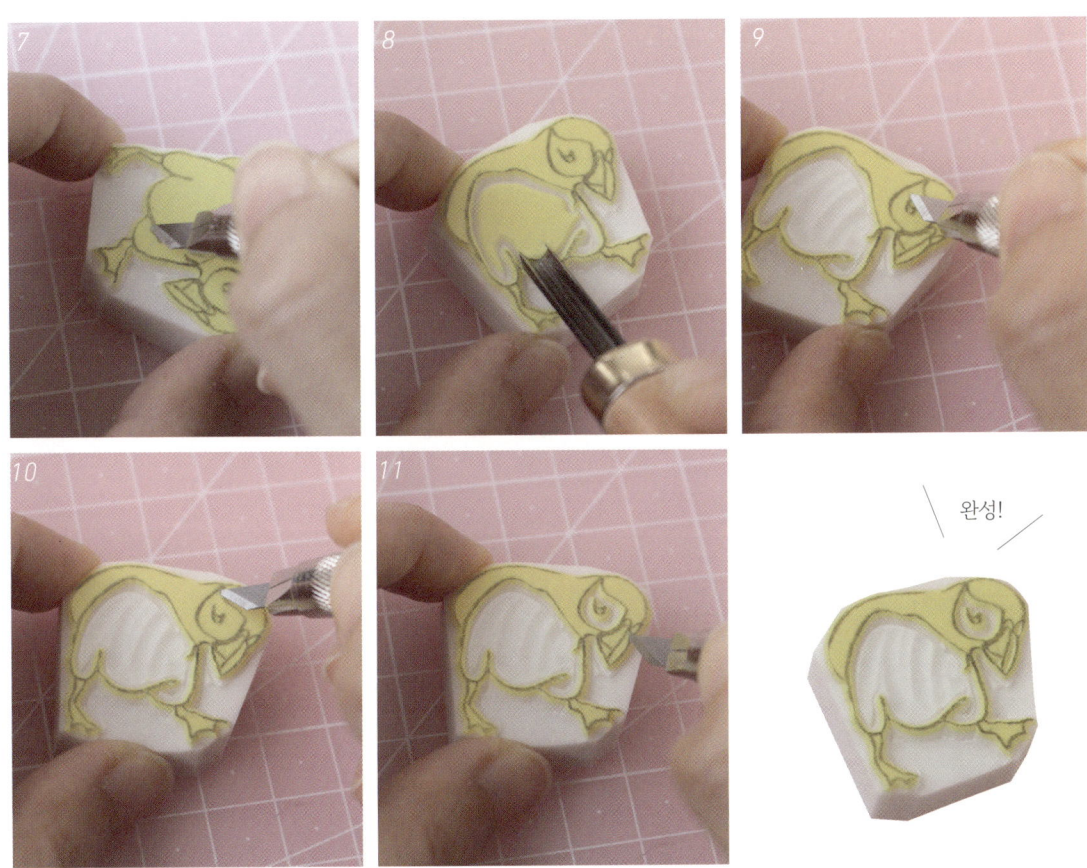

완성!

HOW TO MAKE

퍼핀
발자국

1. 퍼핀 발자국 도안을 지우개에 옮기고, 사진의 빨간 선 부분을 커터칼로 잘라낸다.
2. **사선 파기** 디자인커터 날을 비스듬히 넣고, 지우개를 시계 방향으로 돌리면서 도안 외곽선을 따라 판다.
3. 발자국 안쪽에 디자인커터 날을 비스듬히 넣고, 지우개를 시계 반대 방향으로 돌리며 도려낸다.
- 완성.

CHAPTER 2
PLANTS

- 나뭇잎 ★★★
- 버섯 ★★★
- 민들레 홀씨 ★★★★
- 수국 ★★
- 목화 ★★★
- 도토리 ★★★
- 능소화 ★★★

CHAPTER 2 · PLANTS

난이도 ★★★☆☆

나뭇잎

작은 나뭇잎 무늬로 접시를 꾸몄어요.
도자기 그릇은 표면이 매끄러우므로 신중하게
스탬핑해야 좋은 결과를 얻을 수 있어요.

준비물

- **잉크패드: 색**
  스태즈 온: Timber Brown
  벌사 크래프트: 180 White

- **지우개(가로×세로)**
  나뭇잎 1: 1.0×2.2cm
  나뭇잎 2: 1.3×1.7cm

- **조각칼**
  디자인커터

길이와 방향이 다른 나뭇잎 2가지를 만들어요. 흰색과 갈색 잉크를 번갈아 찍으면 차분하면서 단아한 패턴을 얻을 수 있어요.

HOW TO MAKE

나뭇잎 1

나뭇잎 2도 이 순서와 방법을 참고해 조각하면 된다. 도안은 167쪽.

1. 나뭇잎 도안을 지우개에 옮기고, 사진의 빨간 선 부분을 커터칼로 잘라낸다.
2. **V자 파기** 도안 외곽선 바깥쪽으로 디자인커터 날을 비스듬히 넣고, 지우개를 시계 방향으로 돌리면서 선을 따라 판다.
3. **V자 파기** 도안 외곽선 옆으로 V자 홈이 생기도록, 2~3mm 떨어진 위치에 디자인커터 날을 안쪽으로 비스듬히 넣고 선을 따라 판다. 지우개는 시계 반대 방향으로 돌린다.
4. 파낸 부분은 날 끝으로 찍어 제거한다. V자 모양의 홈이 파인 모습.
5. 옆면의 여백은 옆에서 수평으로 칼날을 넣어 슬라이스하듯 잘라낸다.
6. 나뭇잎 사이 여백은 칼날을 비스듬히 넣고, 지우개를 시계 반대 방향으로 돌려 도려낸다.
- 완성.

완성!

CHAPTER 2 · PLANTS

난이도 ★★★☆☆

버섯

나무로 만든 소품에는 검정이나 흰색 계열이 잘 어울립니다. 숲속 캠핑에서 분위기를 낼 때 켜보면 어떨까요?

준비물

- **잉크패드: 색**
  벌사 컬러: 55 Umber
  벌사 파인: Smokey Gray
  크리스털 잉크패드: Red, Orange

- **지우개(가로×세로)**
  버섯 1: 1.7×2.8cm
  버섯 2: 1.1×1.5cm

- **조각칼**
  디자이커F, V지 조각도

크기가 다른 두 개의 버섯이에요. 갓과 줄기 부분의 색을 다르게 찍으면 더 알록달록하게 표현할 수 있어요.

HOW TO MAKE

버섯 1

버섯 2도 이 순서와 방법을 참고해 조각하면 된다. 도안은 168쪽.

1. 버섯 도안을 지우개에 옮기고, 사진의 빨간 선 부분을 커터칼로 잘라낸다.
2. **사선 파기** 디자인커터 날을 비스듬히 넣고, 지우개를 시계 방향으로 돌리면서 도안 외곽선을 따라 판다.
3. 옆면의 여백은 수평으로 칼날을 넣어 슬라이스하듯 잘라낸다.
4. 갓의 무늬는 디자인커터 날을 비스듬히 넣고, 지우개를 시계 반대 방향으로 돌리며 도려낸다.
5. 갓과 줄기의 구분선은 V자 조각도로 판다.
- 완성.

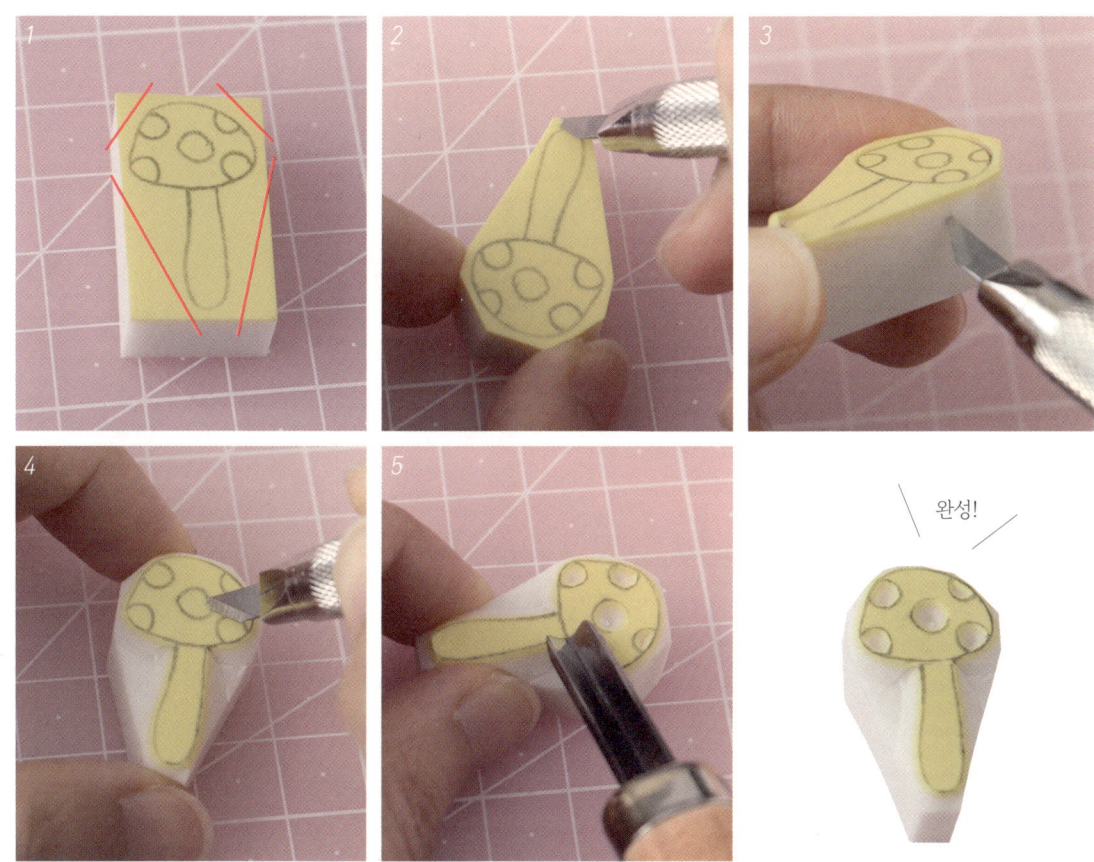

CHAPTER 2 · PLANTS

난이도 ★★★★☆

민들레 홀씨

커다란 천에 스탬프를 찍어 테이블 매트를 만들 수 있어요. 색상이 있는 천이라면 흰색 스탬프가 잘 어울려요.

준비물

- **잉크패드: 색**
  스태즈 온: Timber Brown
- **지우개(가로×세로)**
  2.3×3.0cm
- **조각칼**
  디자인커터

민들레 홀씨를 후 불어서 날리던 어린 시절이 떠오릅니다.
세로로 툭툭 스탬핑해, 자유롭게 날아가는 민들레 홀씨를 표현해요.

HOW TO MAKE

민들레 홀씨

1. 민들레 홀씨 도안을 지우개에 옮기고, 사진의 빨간 선 부분을 커터칼로 잘라낸다.
2. **V자 파기** 디자인커터 날을 비스듬히 넣고, 지우개를 시계 방향으로 돌리면서 전체 윤곽을 판다. 이때 갓털 사이 여백은 파지 않고 남겨둔다.
3. **V자 파기** 도안 가장자리로 V자 홈이 생기도록, 2~3mm 떨어진 위치에 디자인커터 날을 안쪽으로 비스듬히 넣고 윤곽을 따라 판다. 지우개는 시계 반대 방향으로 돌린다.
4. 파낸 부분은 날 끝으로 찍어 제거한다. V자 모양의 홈이 파인 모습.

5 남은 여백은 옆에서 수평으로 칼날을 넣어 슬라이스하듯 잘라낸다.
6 갓털 사이 여백은 디자인커터 날을 비스듬히 넣고 위에서 아래로 선을 따라 판다. 180도 돌려서 옆선도 같은 방법으로 판다.
7 옆면에 칼을 넣어 슬라이스하듯, 6에서 작업한 여백 부분을 제거한다. 나머지 여백도 6~7과 같은 방법으로 파낸다.
• 완성.

완성!

CHAPTER 2 PLANTS

난이도 ★★☆☆☆

수국

은은하면서 풍성한 느낌을 주는 수국 무늬의 파우치예요. 패브릭 잉크로 찍고 다리미로 다려, 세탁을 해도 문제가 없어요.

준비물

· **잉크패드: 색**
벌사 크래프트
: 136 Wisteria, 163 Forest,
165 Pine
벌사 컬러: 34 Orchid
옐로 아울 워크숍 크로마 잉크패드
: Green
아이 러브 유 컬러: 파란색

· **지우개(가로×세로)**
수국 꽃: 2.0×2.0cm
수국 이파리 1: 2.3×3.8cm
수국 이파리 2: 3.0×4.5cm

· **조각칼**
디자인커터, V자 조각도, 송곳

꽃을 여러 번 찍어 꽃다발 같은 수국을 표현했어요.
잉크를 한 번 묻혀 여러 번 찍으면 한 가지 색으로도
다양한 채도를 표현할 수 있어요.

HOW TO MAKE

수국 꽃

1. 수국 꽃 도안을 지우개에 옮기고, 사진의 빨간 선 부분을 커터칼로 잘라낸다.
2. **사선 파기** 디자인커터 날을 비스듬히 넣고, 지우개를 시계 방향으로 돌리면서 도안 외곽선을 따라 판다.
3. 꽃잎의 무늬는 V자 조각도로 파낸다.
4. 가운데 꽃술은 송곳으로 찔러 구멍을 낸다.
- 완성.

\ 완성! /

HOW TO MAKE

수국 이파리

수국 이파리 2도 이 순서와 방법을 참고해 조각하면 된다. 도안은 167쪽.

1. 수국 이파리 도안을 지우개에 옮기고, 사진의 빨간 선 부분을 커터칼로 잘라낸다.
2. **사선 파기** 디자인커터 날을 비스듬히 넣고, 지우개를 시계 방향으로 돌리면서 도안 외곽선을 따라 판다.
3. 잎맥은 V자 조각도로 판다.
- 완성.

완성!

CHAPTER 2 PLANTS

난이도 ★★★☆☆

목화

크라프트지에 찍어 액자에 넣으면 멋진 인테리어 소품이 됩니다. 차분한 느낌의 목화 패턴으로 엽서를 꾸며도 좋아요.

준비물

- **잉크패드: 색**
  벌사 크래프트: 180 White
  스태즈 온: Timber Brown

- **지우개(가로×세로)**
  목화송이: 1.2×1.0cm
  목화 가지: 2.2×6.5cm
  병: 1.3×2.6cm

- **조각칼**
  디자인커터, V자 조각도

목화는 겨울 소품에 잘 어울리는 패턴이에요. 병, 목화 가지, 목화송이 스탬프를 만들어 순서대로 겹쳐 찍어요.

HOW TO MAKE

목화 가지

목화송이는 만들기가 쉬워 조각 과정 소개를 생략했다. 도안은 168쪽.

1. 목화 가지 도안을 지우개에 옮기고, 사진의 빨간 선 부분을 커터칼로 잘라낸다.
2. **V자 파기** 디자인커터 날을 도안의 바깥으로 비스듬히 넣고, 외곽선을 따라 칼날을 위에서 아래로 움직이며 판다.
3. **V자 파기** 도안 외곽선 2~3mm 떨어진 위치에 디자인커터 날을 비스듬히 넣어 위에서 아래로 움직이며 V자 홈을 파나간다.
4. 파낸 부분은 날 끝으로 찍어 제거한다. 위쪽 가지 사이 깊숙한 여백 부분은 사진처럼 디자인커터 날을 비스듬히 넣고 지우개를 시계 반대 방향으로 돌리면서 도려낸다.
5. 남은 여백은 옆에서 수평으로 칼날을 넣어 슬라이스하듯 잘라낸다.
- 완성.

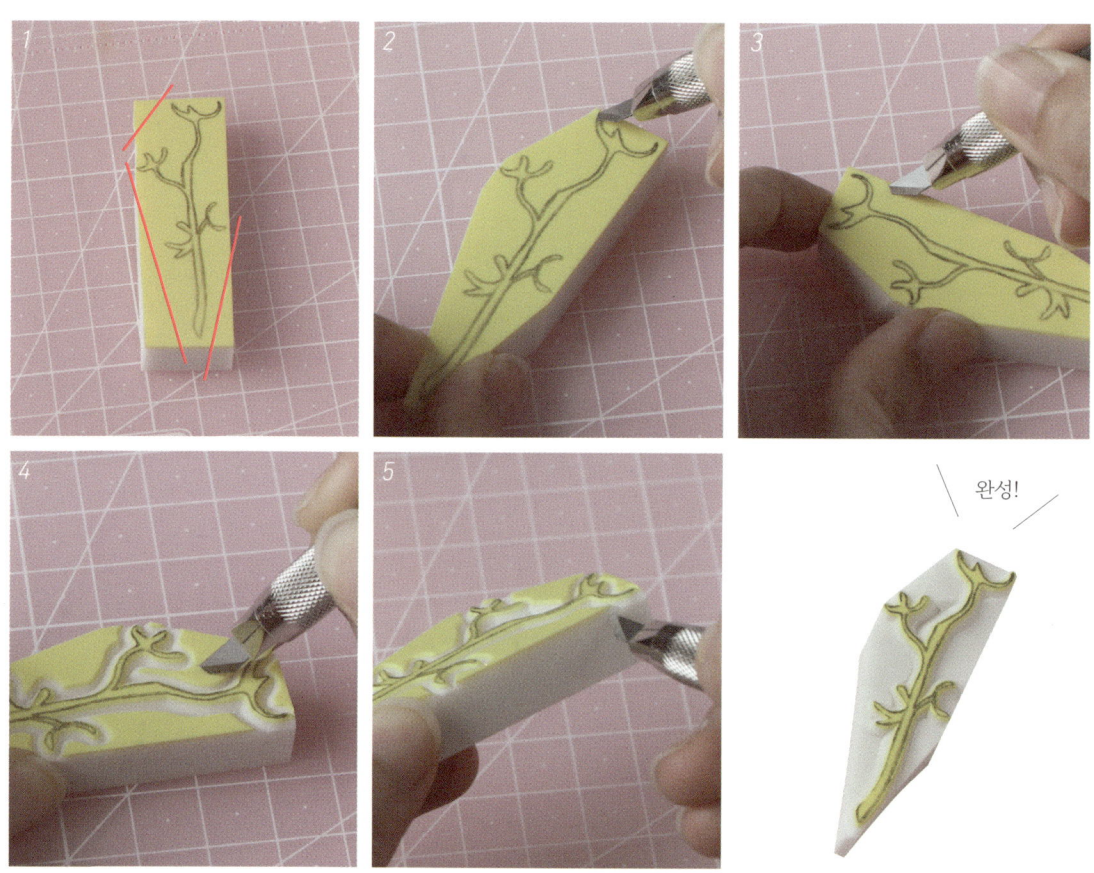

HOW TO MAKE

병

1 병 도안을 지우개에 옮기고, 사진의 빨간 선 부분을 커터칼로 잘라낸다.
2 **사선 파기** 디자인커터 날을 비스듬히 넣고, 지우개를 시계 방향으로 돌리면서 도안 외곽선을 따라 판다.
3 채 절단되지 않은 부분은 손으로 떼어낸다.
4 **사선 파기** 병 입구 부분에 사진처럼 디자인커터 날을 비스듬히 넣고 선을 따라 판다.
5 병 표면의 선은 V자 조각도로 판다.
- 완성.

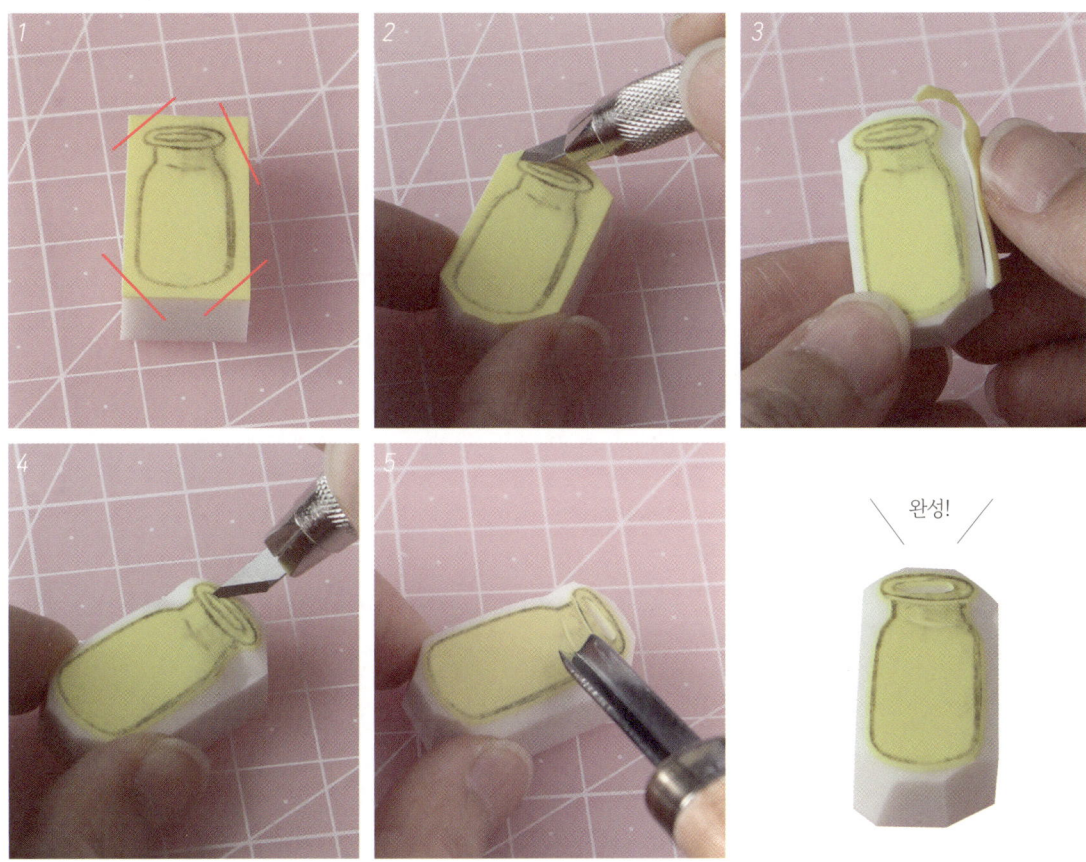

완성!

난이도 ★★★☆☆

도토리

밋밋한 나무 도마에 도토리 스탬프 2종을 찍어 보았어요. 어디선가 다람쥐 한 마리가 뛰어올 것 같아요.

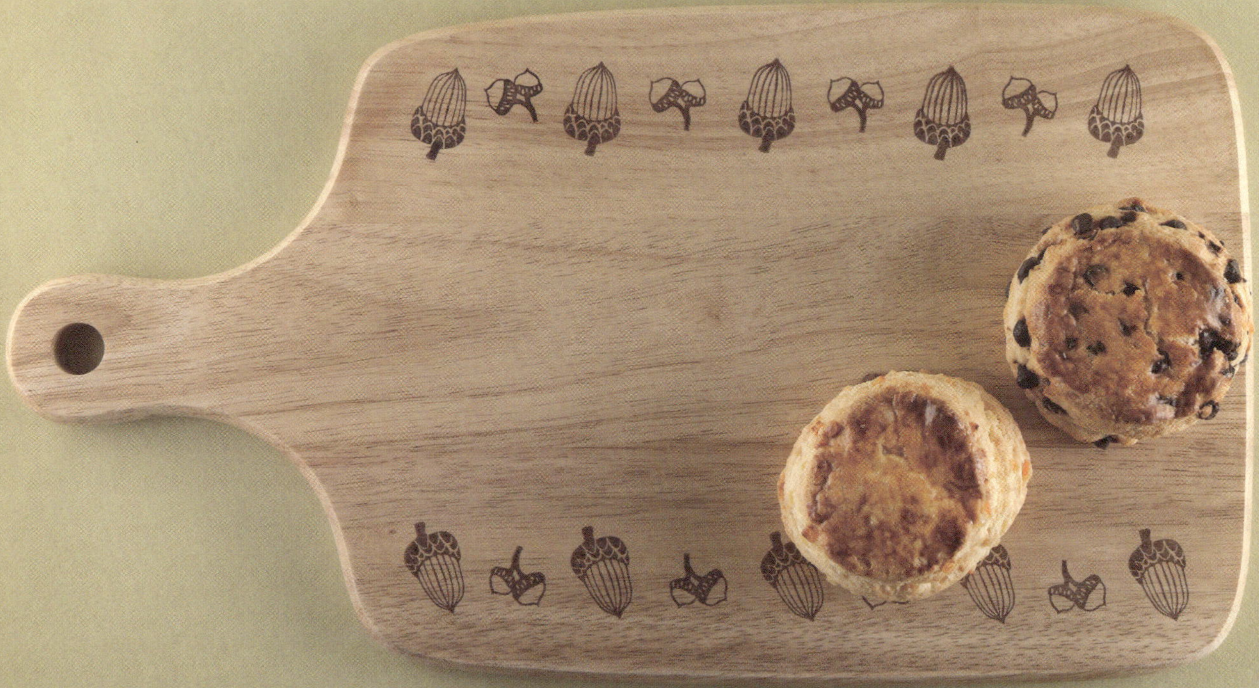

준비물

- **잉크패드: 색**
  벌사 파인: Smokey Gray
- **지우개(가로×세로)**
  작은 도토리: 2.0×2.0cm
  도토리: 3.2×2.0cm
- **조각칼**
  디자인커터, V자 조각도

일러스트 그림 같은 도토리 스탬프 패턴이에요.
한 색으로 단정하게 나열해도 괜찮고, 두 가지 이상의 색을 써서
화려하게 꾸며도 예뻐요.

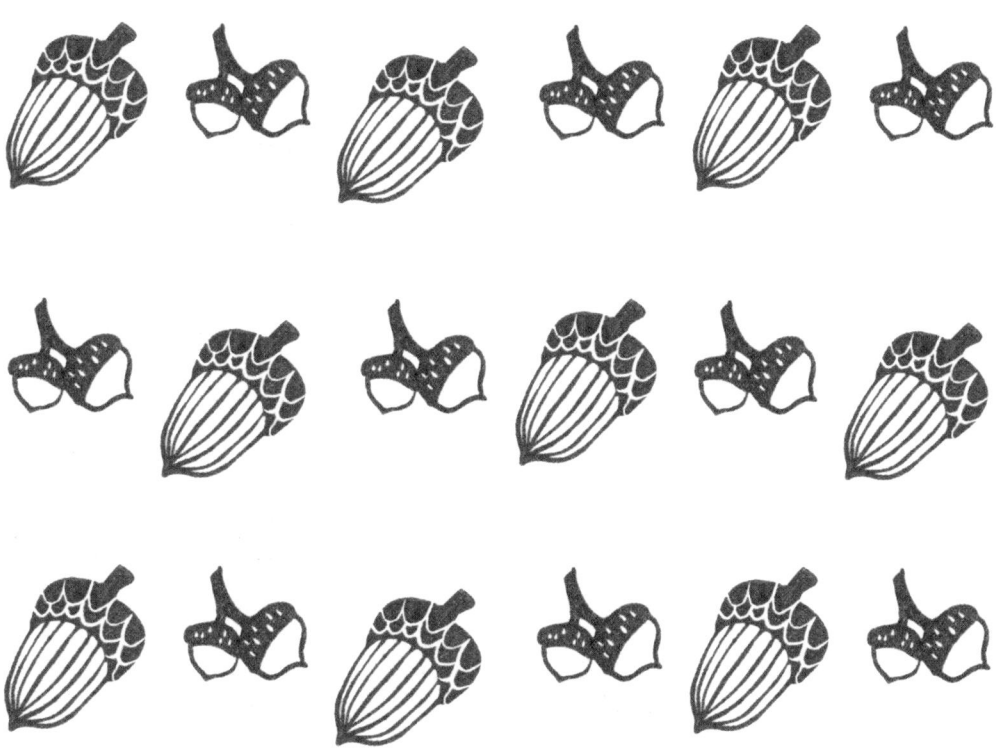

HOW TO MAKE

작은 도토리

1. 작은 도토리 도안을 지우개에 옮기고, 사진의 빨간 선 부분을 커터칼로 잘라낸다.
2. **사선 파기** 디자인커터 날을 비스듬히 넣고, 지우개를 시계 방향으로 돌리면서 도토리 외곽선을 따라 판다.
3. 거의 잘려나간 부분은 손으로 제거한다.
4. **V자 파기** 넓은 여백 부분은 도안 외곽선 2~3mm 떨어진 위치에 디자인커터 날을 비스듬히 넣어 위에서 아래로 움직이며 V자 홈을 파나간다.

5 파낸 부분은 칼 끝으로 찍어 떼어내고, 남은 여백은 지우개 옆에서 수평으로 칼날을 넣어 슬라이스하듯 잘라낸다.

6 **사선 파기** 도토리 사이 여백과 도토리 껍질은 칼날을 안쪽으로 비스듬히 넣고 지우개를 시계 반대 방향으로 돌리면서 도려낸다.

7 깍정이 무늬는 V자 조각도로 판다.

• 완성.

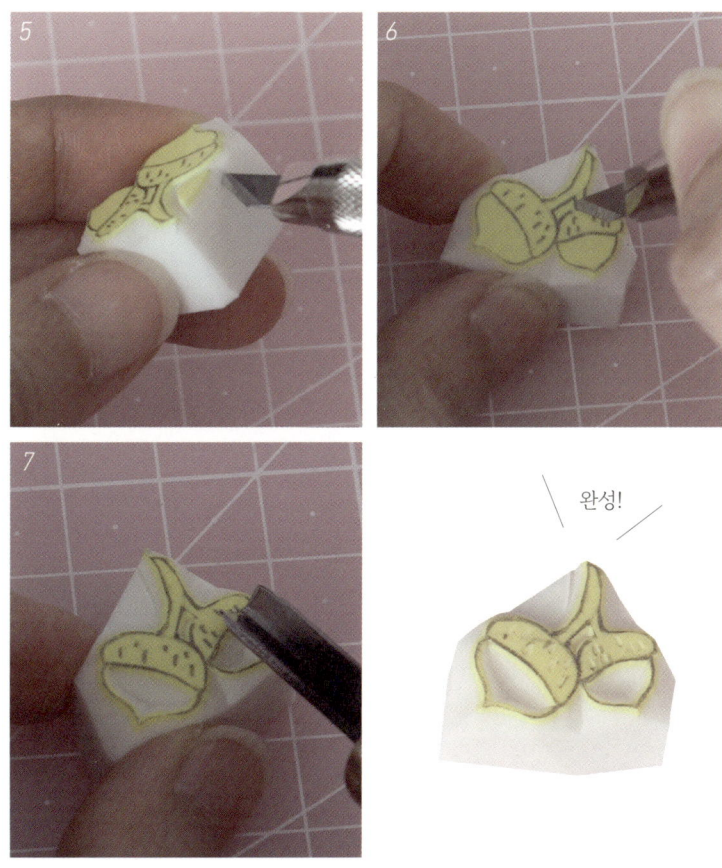

완성!

HOW TO MAKE

도토리

1. 도토리 도안을 지우개에 옮기고, 사진의 빨간 선 부분을 커터칼로 잘라낸다.
2. **사선 파기** 디자인커터 날을 비스듬히 넣고, 지우개를 시계 방향으로 돌리면서 도토리 외곽선을 따라 판다.
3. 도토리 껍질은 칼날을 비스듬히 넣고 선을 따라 도려낸다. 지우개를 시계 반대 방향으로 돌리면서 작업한다.
4. 깍정이 무늬는 V자 조각도로 판다.
- 완성.

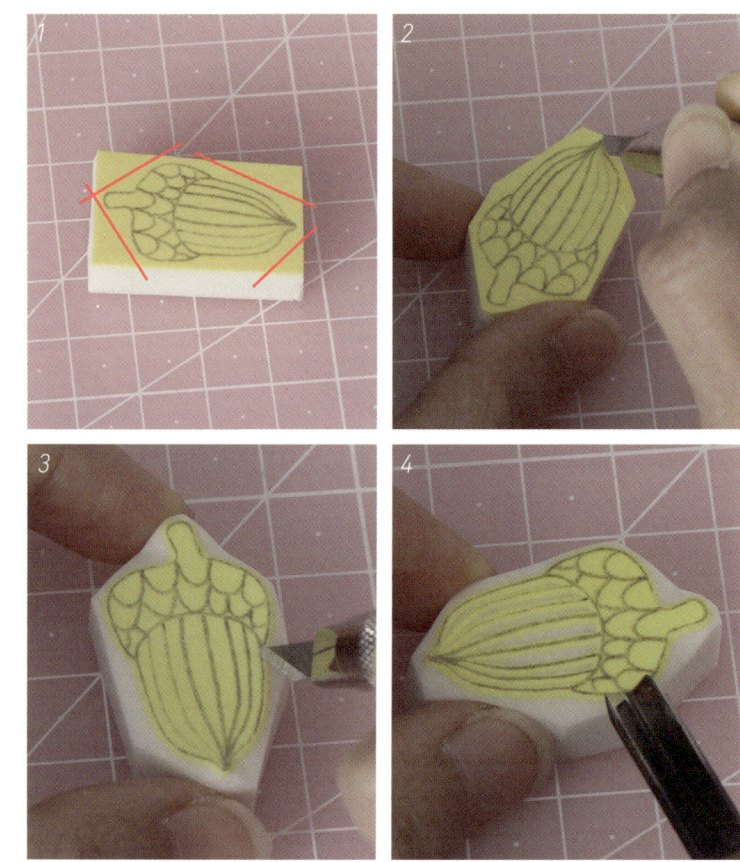

완성!

CHAPTER 2 PLANTS

난이도 ★★★☆☆

능소화

능소화 스탬프를 부드러운 거즈 천에 찍으면 소박하고 동양적인 느낌이 물씬 풍겨요. 세탁해도 지워지지 않는 패브릭 잉크를 썼어요.

준비물

- **잉크패드: 색**
  스태즈 온: Mustard, Pumpkin, Cactus Green, Forest Green
  크리스털 크래프트 잉크패드: Orange

- **지우개(가로×세로)**
  능소화 꽃 1: 2.3×2.3cm
  능소화 꽃 2: 2.2×2.1cm
  능소화 줄기: 3.3×2.7cm

- **조각칼**
  디자인커터, V자 조각도, 송곳

주황색 꽃잎이 아름다운 능소화. 꽃을 많이 찍을수록 만발한 꽃밭처럼 활기가 느껴져요.

HOW TO MAKE

능소화 꽃 1

능소화 꽃 2도 이 순서와 방법을 참고해 조각하면 된다. 도안은 168쪽.

1. 능소화 꽃 도안을 지우개에 옮기고, 사진의 빨간 선 부분을 커터칼로 잘라낸다.
2. **사선 파기** 디자인커터 날을 비스듬히 넣고, 지우개를 시계 방향으로 돌리면서 꽃의 외곽선을 따라 판다.
3. 거의 잘려나간 여백 부분은 손으로 떼어낸다.
4. 꽃 안쪽의 선과 꽃술대는 V자 조각도로 판다.
5. 꽃술은 송곳으로 찔러 구멍을 낸다.
- 완성.

HOW TO MAKE

능소화 줄기

1. 능소화 줄기 도안을 지우개에 옮기고, 사진의 빨간 선 부분을 커터칼로 잘라낸다.
2. **V자 파기** 도안 외곽선 바깥쪽으로 디자인커터 날을 비스듬히 넣고, 선을 따라 판다. 지우개를 시계 방향으로 돌리며 작업한다.
3. **V자 파기** 도안 외곽선 옆으로 V자 홈이 생기도록, 2~3mm 떨어진 위치에 디자인커터 날을 안쪽으로 비스듬히 넣고 선을 따라 판다. 지우개를 시계 반대 방향으로 돌리며 작업한다.
4. 파낸 부분은 날 끝으로 찍어 떼어낸다. V자 모양의 홈이 파인 모습.
5. 남은 여백은 옆에서 수평으로 칼날을 넣어 슬라이스하듯 잘라낸다.
- 완성.

CHAPTER 3
FRUITS

- 딸기 ★★
- 무화과 ★★
- 레몬 ★★
- 서양배 ★★★
- 바나나 ★★★

CHAPTER 3 · FRUITS

난이도 ★★☆☆☆

딸기

아기 양말에 딸기 무늬를 찍으면 귀여운 포인트가 됩니다. 색깔 있는 두꺼운 천에는 직물 전용 물감을 써서 스탬핑하는 것이 좋아요.

준비물

- **잉크패드: 색**
  옐로 아울 워크숍 크로마 잉크패드
  : Red, Pink, Green
  벌사 크래프트: 165 Pine

- **지우개(가로×세로)**
  1.2×1.8cm

- **조각칼**
  디자인커터, V자 조각도

규칙이 있는 듯 없는 듯 배치해 찍은 딸기 패턴. 열매와 잎의 색을 두 가지씩 사용해 자연스러움을 더했어요.

HOW TO MAKE

딸기

1 딸기 도안을 지우개에 옮기고, 사진의 빨간 선 부분을 커터칼로 잘라낸다.
2 **사선 파기** 디자인커터 날을 비스듬히 넣고, 지우개를 시계 방향으로 돌리면서 딸기 외곽선을 따라 판다.
3 거의 잘려나간 여백 부분은 손으로 떼어낸다.
4 꼭지와 딸기의 구분선, 씨앗은 V자 조각도로 판다.
- 완성.

CHAPTER 3 · FRUITS

난이도 ★★☆☆☆

무화과

스탬프를 찍은 종이로 북커버를 만들었어요.
스탬프는 이렇게 일상 소품이나 용품에
활용하기 좋은 아이템이에요.

준비물

- **잉크패드: 색**
  옐로 아울 워크숍 크로마 잉크패드
  : Red, Pink, Green
  벌사 크래프트: 136 Wisteria

- **지우개(가로×세로)**
  무화과 껍질: 2.3×2.6cm
  무화과 과육: 1.7×1.6cm

- **조각칼**
  디자인커터, V자 조각도,
  U자 조각도

무화과 껍질과 과육을 각각 스탬프로 만들어 겹쳐 찍어요. 일정한 패턴으로 찍어도 좋고 랜덤으로 자유롭게 찍어도 예뻐요.

HOW TO MAKE

무화과 껍질

1 무화과 껍질 도안을 지우개에 옮기고, 사진의 빨간 선 부분을 커터칼로 잘라낸다.
2 **사선 파기** 디자인커터 날을 비스듬히 넣고, 지우개를 시계 방향으로 돌리면서 도안의 외곽선을 따라 판다.
3 **V자 파기** 도안의 안쪽으로 디자인커터 날을 비스듬히 넣고, 선을 따라 판다. 지우개는 시계 반대 방향으로 돌리며 작업한다.
4 **V자 파기** 도안의 안쪽 선 옆으로 V자 홈이 생기도록, 2~3mm 떨어진 안쪽에 디자인커터 날을 비스듬히 넣고 선을 따라 판다. 지우개를 시계 방향으로 돌리며 작업한다.
5 파낸 부분은 날 끝으로 찍어 제거한다.
6 남은 여백은 U자 조각도로 파낸다.
• 완성.

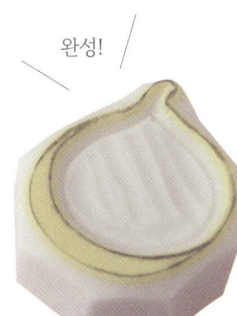
완성!

HOW TO MAKE

무화과 과육

1. 무화과 과육 도안을 지우개에 옮기고, 사진의 빨간 선 부분을 커터칼로 잘라낸다.
2. **사선 파기** 디자인커터 날을 비스듬히 넣고, 지우개를 시계 방향으로 돌리면서 도안의 외곽선을 따라 판다.
3. 과육 무늬는 V자 조각도로 판다.
- 완성.

완성!

| 난이도 | ★ ★ ☆ ☆ ☆ |

레몬

유산지처럼 반투명한 종이와 스탬프는 내추럴하면서 산뜻한 느낌이 잘 어울려요. 선물 포장에 활용해보세요.

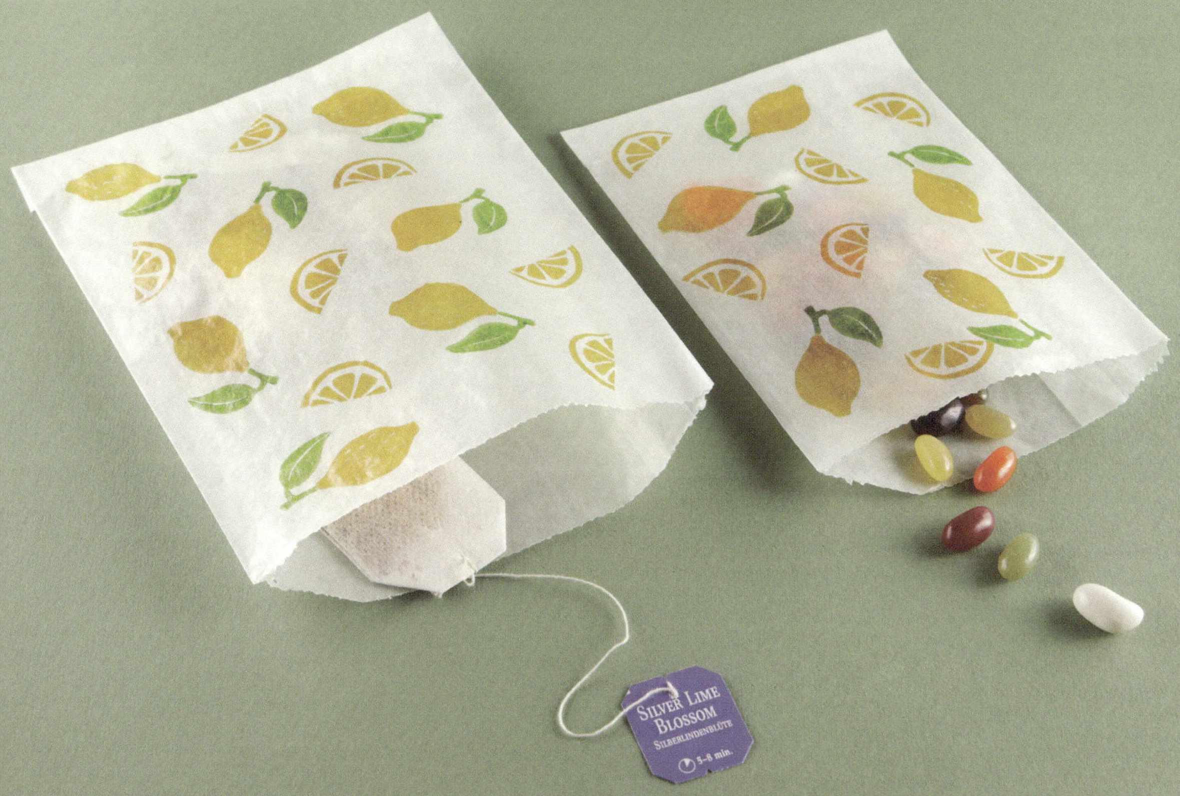

준비물

- **잉크패드: 색**
  스태즈 온: Mustard, Cactus Green

- **지우개(가로×세로)**
  레몬 잎: 3.0×1.4cm
  레몬 조각: 2.8×1.7cm
  레몬: 2.0×3.3cm

- **조각칼**
  디자인커터, V자 조각도

레몬과 레몬 조각을 불규칙하게 찍어서 만든 패턴. 노란색과 초록색으로 상큼한 분위기를 낼 수 있어요.

HOW TO MAKE

레몬 잎

1 레몬 잎 도안을 지우개에 옮기고, 사진의 빨간 선 부분을 커터칼로 잘라낸다.
2 **사선 파기** 디자인커터 날을 비스듬히 넣고, 지우개를 시계 방향으로 돌리면서 잎의 외곽선을 따라 판다.
3 거의 잘려나간 여백 부분은 손으로 떼어내고, 여백이 넓은 부분은 칼날을 옆에서 수평으로 넣어 슬라이스하듯 잘라낸다.
4 가운데 잎맥은 V자 조각도로 판다.
• 완성.

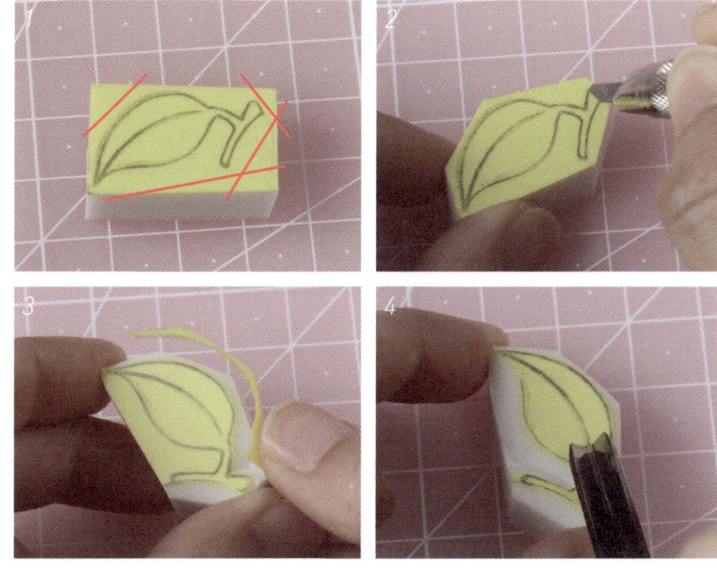

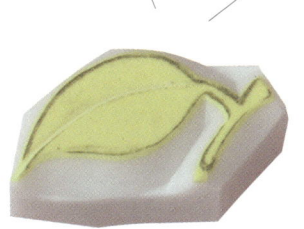
완성!

TIP

레몬과 레몬 잎을 하나의 스탬프로 만든 다음, '색 나눠 찍기'(32쪽 참조) 기법으로 찍어도 된다.

HOW TO MAKE

레몬 조각

1. 레몬 조각 도안을 지우개에 옮기고, 사진의 빨간 선 부분을 커터칼로 잘라낸다.
2. **사선 파기** 디자인커터 날을 비스듬히 넣고, 지우개를 시계 방향으로 돌리면서 외곽선을 따라 판다.
3. 겉껍질과 알맹이 사이는 V자 파기 하듯 작업한다. 먼저 디자인커터 날을 알맹이 바깥 부분에 비스듬히 대고 점선과 같이 판다.
4. 지우개를 180도 돌려 껍질과 알맹이 사이에 V자 홈이 생기도록 디자인커터 날을 비스듬히 넣고, 선을 따라 판다. 과육과 과육 사이도 위에서 아래로 선을 따라 판다.
- 완성.

\ 완성! /

HOW TO MAKE

레몬

1. 레몬 도안을 지우개에 옮기고, 사진의 빨간 선 부분을 커터칼로 잘라낸다.
2. **사선 파기** 디자인커터 날을 비스듬히 넣고, 지우개를 시계 방향으로 돌리면서 레몬 둘레를 따라 판다.
3. 레몬의 무늬는 V자 조각도로 판다.
- 완성.

| 난이도 | ★★★☆☆ |

서양배

패턴을 찍은 종이로 병을 덮어 포장해보세요.
직접 만든 잼이나 소스 병에 활용하기 좋아요.
간단한 태그나 스티커도 직접 만들어요.

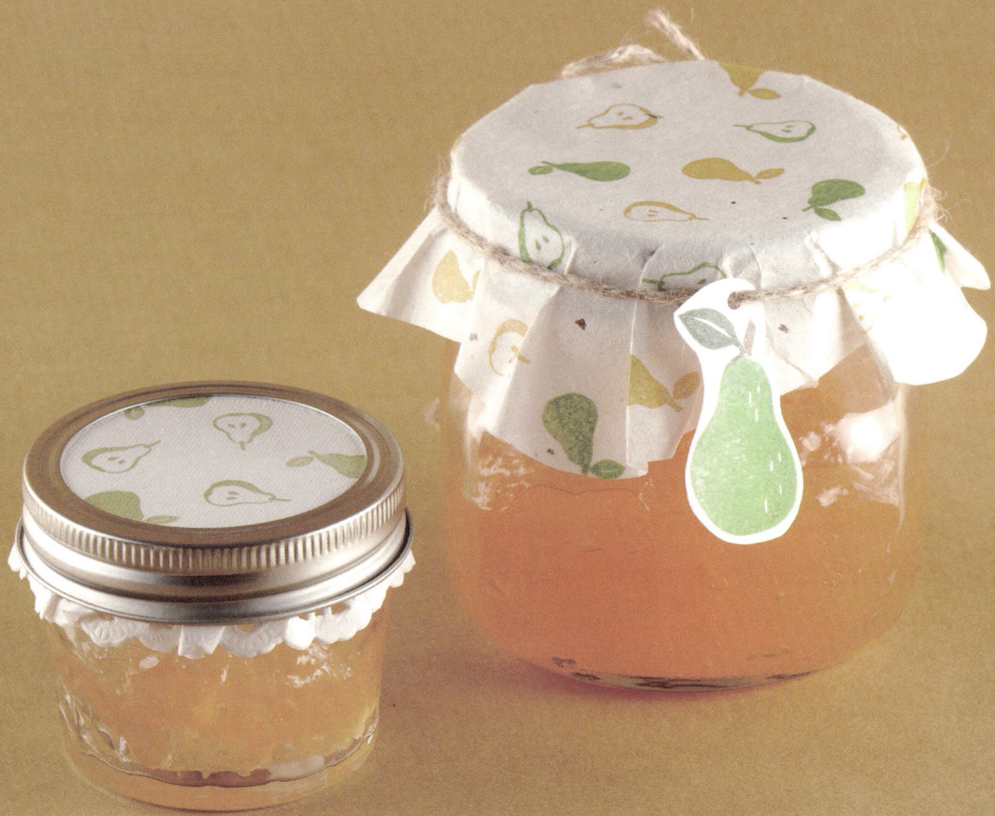

준비물

- **잉크패드: 색**
  스태즈 온: Mustard
  옐로 아울 워크숍 크로마 잉크패드
  : Green
  벌사 크래프트: K-17, 165 Pine

- **지우개(가로×세로)**
  서양배 반쪽: 3.0×3.8cm
  서양배: 3.5×4.2cm

- **조각칼**
  디자인커터, V자 조각도

'색 나눠 찍기'(32쪽 참조)로 잎, 껍질, 꼭지, 씨앗의 색을 다르게 찍어보세요. 특히 두 가지 배의 색깔을 다르게 하는 것이 포인트예요.

HOW TO MAKE

서양배 반쪽

1 서양배 반쪽 도안을 지우개에 옮기고, 사진의 빨간 선 부분을 커터칼로 잘라낸다.
2 **사선 파기** 디자인커터 날을 비스듬히 넣고, 지우개를 시계 방향으로 돌리면서 배의 외곽선을 따라 판다.
3 **V자 파기** 도안 안쪽에 디자인커터 날을 비스듬히 넣고, 선을 따라 판다. 지우개를 시계 반대 방향으로 돌리며 작업한다.
4 **V자 파기** 도안 안쪽 선을 따라 V자 홈이 생기도록, 2~3mm 떨어진 안쪽에 디자인커터 날을 비스듬히 넣어 선을 따라 판다. 지우개를 시계 방향으로 돌리며 작업한다.
5 파낸 부분을 날 끝으로 찍어 제거한다.
6 **V자 파기** 씨앗의 외곽선 부분을 V자 파기 한다.
7 씨와 과육 사이 여백은 U자 조각도로 파낸다.
- 완성.

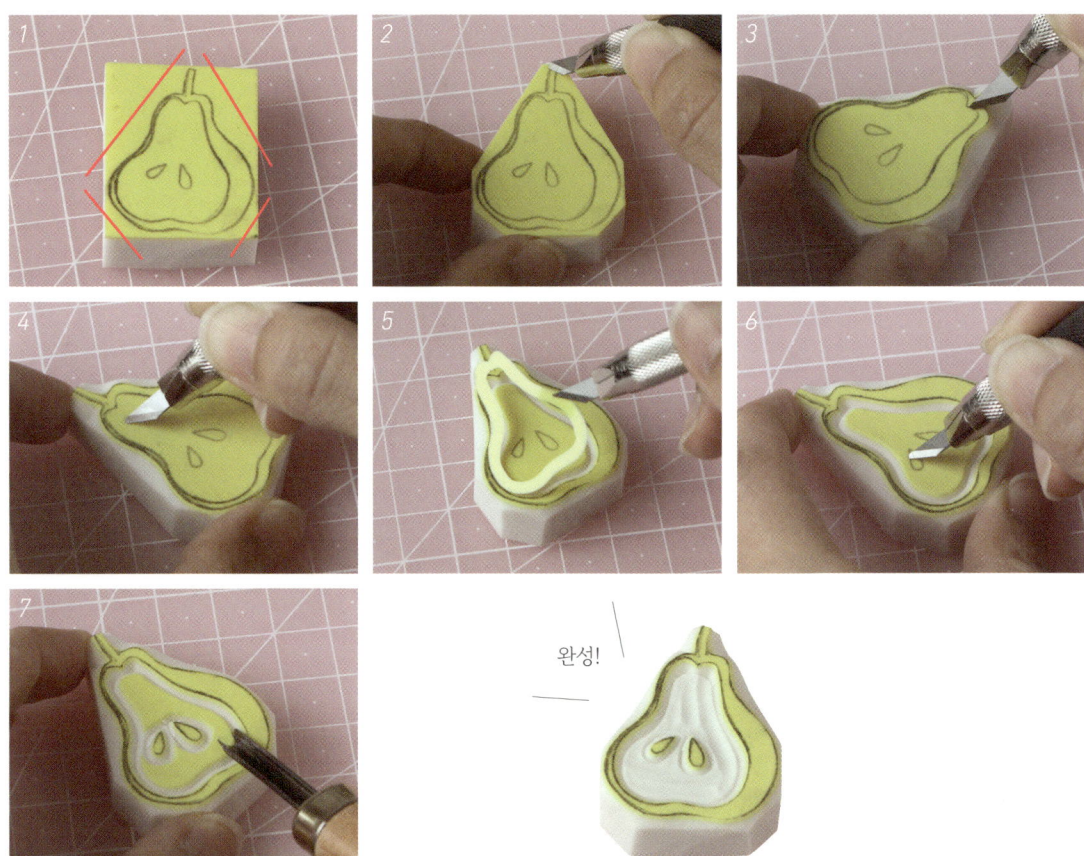

완성!

HOW TO MAKE

서양배

1 서양배 도안을 지우개에 옮기고, 사진의 빨간 선 부분을 커터칼로 잘라낸다.
2 **사선 파기** 디자인커터 날을 비스듬히 넣고, 지우개를 시계 방향으로 돌리면서 배의 둘레를 따라 판다.
3 **V자 파기** 여백이 넓게 남아 있는 부분에 V자 홈이 생기도록, 선에서 2~3mm 떨어진 위치에 디자인커터 날을 안쪽으로 비스듬히 넣고 선을 따라 판다.
4 V자 홈이 생긴 모습.
5 남은 여백은 칼날을 옆에서 수평으로 넣어 슬라이스하듯 잘라낸다.
6 잎맥과 배 표면의 디테일은 V자 조각도로 판다.
- 완성.

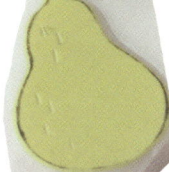

완성!

CHAPTER 3 · FRUITS

난이도　★★★☆☆

바나나

색깔과 배치를 다르게 해서 다양한 태그나 책갈피를 만들 수 있어요. 잉크색만 바꿔도 분위기가 확 달라져요.

준비물

- **잉크패드: 색**
  스태즈 온: Mustard
- **지우개(가로×세로)**
  바나나: 2.3×3.3cm
  바나나 송이: 3.0×2.5cm
- **조각칼**
  디자인커터, V자 조각도

바나나를 모티브로 한 유니크한 패턴.
역시 노란색이 제일 잘 어울려요.

HOW TO MAKE

바나나

1. 바나나 도안을 지우개에 옮기고, 사진의 빨간 선 부분을 커터칼로 잘라낸다.
2. **사선 파기** 디자인커터 날을 비스듬히 넣고, 지우개를 시계 방향으로 돌리면서 외곽선을 따라 판다. 이때 번호 ①과 ②로 표시한 공간은 파지 않고 남겨둔다.
3. **V자 파기** ①과 ②번 공간을 제외하고, 아직 잘려나가지 않은 여백 부분에 V자 홈이 생기도록, 선에서 2~3mm 떨어진 위치에 디자인커터 날을 안쪽으로 비스듬히 넣고 선을 따라 판다.
4. 파낸 부분은 날 끝으로 찍어 제거한다. V자 모양의 홈이 파인 모습.
5. 남은 여백은 옆에서 수평으로 칼날을 넣어 슬라이스하듯 잘라낸다.
6. 다음으로 ① 부분에 디자인커터 날을 비스듬히 넣고 위에서 아래로 선을 따라 파낸다.

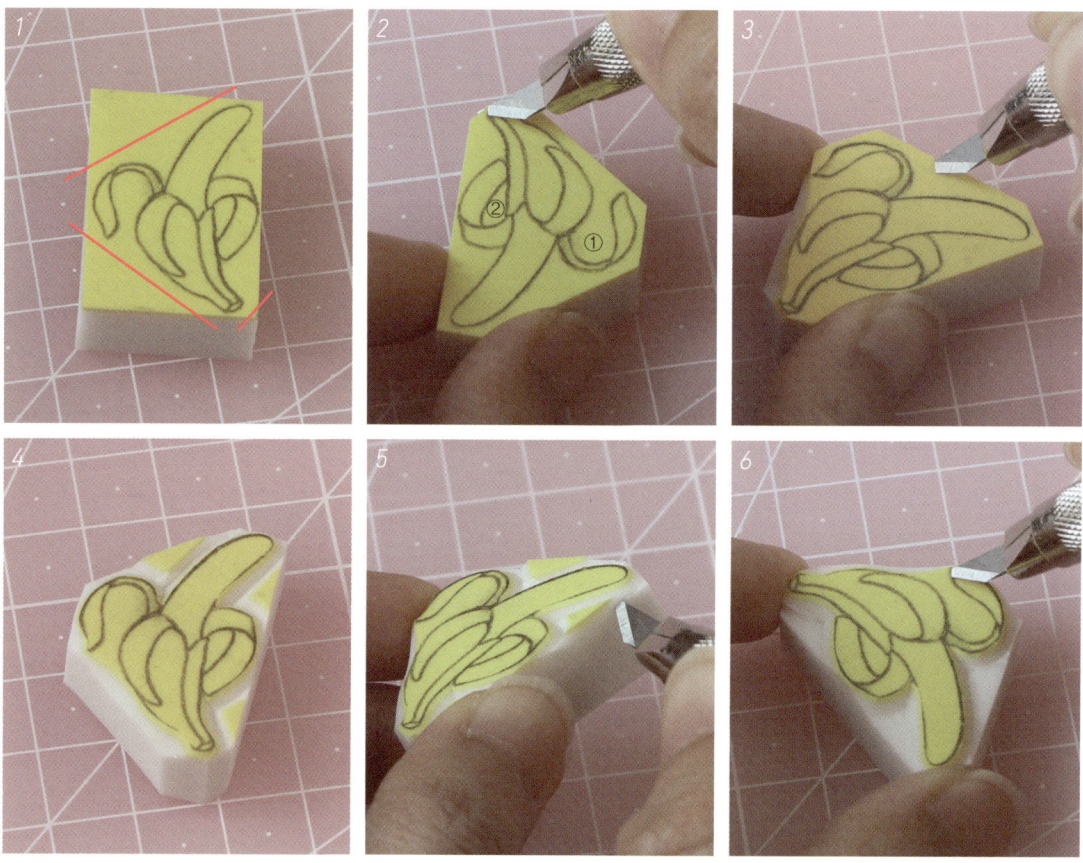

7 ① 부분의 남은 여백은 옆면에 칼날을 넣어 슬라이스하듯 잘라낸다. 6에서 절개한 부분이 측면에서 보이므로 그 선에 맞춰 칼날을 넣으면 된다.

8 ② 부분은 디자인커터 날을 비스듬히 넣고 지우개를 시계 반대 방향으로 돌리며 도려낸다.

9 다음으로 바나나 과육 부분에 디자인커터 날을 비스듬히 넣고 지우개를 시계 반대 방향으로 돌리며 선에 맞춰 도려낸다.

10 바나나 꼭지 부분도 9와 같은 방법으로 파낸다.

11 남은 선은 V자 조각도로 판다.

- 완성.

완성!

HOW TO MAKE

바나나 송이

1. 바나나 송이 도안을 지우개에 옮기고, 사진의 빨간 선 부분을 커터칼로 잘라낸다.
2. **사선 파기** 디자인커터 날을 비스듬히 넣고, 지우개를 시계 방향으로 돌리면서 바나나의 외곽선을 따라 판다.
3. **V자 파기** 여백이 넓게 남아 있는 부분에는 선에서 2~3mm 떨어진 위치에 디자인커터 날을 안쪽으로 비스듬히 넣고 선을 따라 파서 V자 홈을 낸다.
4. V자 홈 옆의 나머지 여백은 칼날을 옆에서 수평으로 넣어 슬라이스하듯 잘라낸다.
5. 바나나 꼭지와 끝 부분은 디자인커터 날을 비스듬히 넣고, 지우개를 시계 반대 방향으로 돌리며 선을 따라 도려낸다.
6. 바나나 사이사이 선은 V자 조각도로 판다.
- 완성.

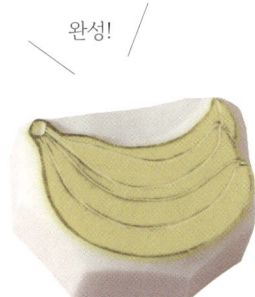

완성!

CHAPTER 4
SEASONS

- 까치 ★★★★
- 눈 ★★★★★
- 비 오는 날 ★★★
- 은행잎 ★★
- 핼러윈 ★★★
- 크리스마스 리스 ★★★★

CHAPTER 4 · SEASONS

난이도 ★★★★☆

까치

기존 달력에 스탬프를 더해 분위기를 바꾸거나, 직접 숫자를 써서 나만의 달력을 만들어보세요. 마음을 담은 손글씨와 스탬프로 새해 연하장을 만드는 것도 좋아요.

준비물

- **잉크패드: 색**
  스태즈 온: Timber Brown, Jet Black, Black Cherry

- **지우개(가로×세로)**
  까치: 3.8×1.7cm
  나뭇가지: 1.0×3.3cm
  열매: 2.1×0.8cm

- **조각칼**
  디자인커터, V자 조각도, 송곳

평화롭게 하늘을 나는 까치와 빨간 열매로 단아한 풍경을 연출했어요. 여백이 어울리는 곳이나 소품에 활용해보세요.

HOW TO MAKE

까치

나뭇가지와 열매는 만들기가 쉬워 조각 과정 소개를 생략했다. 도안은 169쪽.

1 까치 도안을 지우개에 옮기고, 사진의 빨간 선 부분을 커터칼로 잘라낸다.
2 **사선 파기** 디자인커터 날을 비스듬히 넣고, 지우개를 시계 방향으로 돌리면서 도안의 외곽선을 따라 판다.
3 거의 잘려나간 여백 부분은 손으로 떼어낸다.
4 **V자 파기** 여백이 넓게 남아 있는 부분에는 선에서 2~3mm 떨어진 위치에 디자인커터 날을 안쪽으로 비스듬히 넣고 선을 따라 파서 V자 홈을 낸다.
5 파낸 부분은 날 끝으로 찍어 제거한다. V자 모양의 홈이 파인 모습.
6 나머지 여백은 칼날을 옆에서 수평으로 넣어 슬라이스하듯 잘라낸다.

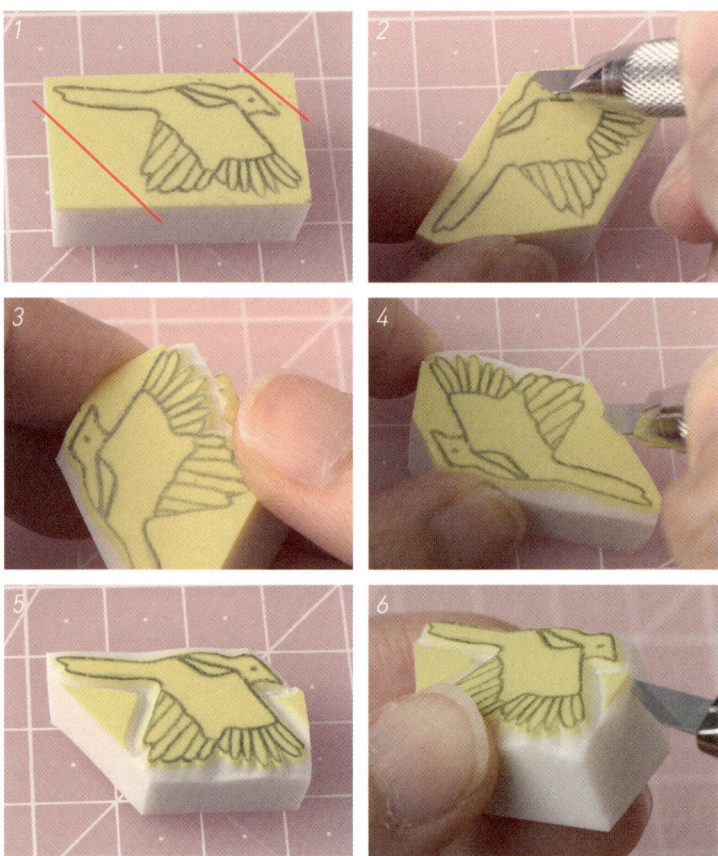

7 몸의 흰 부분은 디자인커터 날을 안쪽으로 비스듬히 넣고, 지우개를 시계 반대 방향으로 돌리며 선을 따라 파낸다.

8 날개 끝 부분도 7과 같은 방법으로 파낸다.

9 날개 선은 V자 조각도로 판다.

10 눈은 송곳으로 찔러 구멍을 낸다.

- 완성.

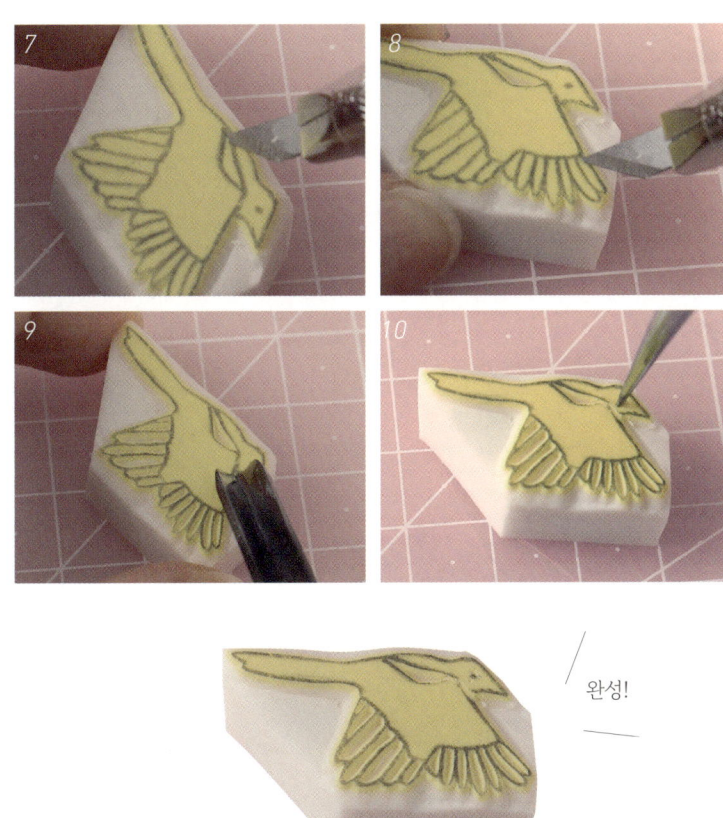

완성!

CHAPTER 4 · SEASONS

난이도 ★★★★★

눈

하얀 화병에 금색이나 은색으로 찍으면
반짝반짝 고급스러워 보여요.
크리스마스 분위기를 내기에도 좋답니다.

준비물

- **잉크패드: 색**
  벌사 크래프트: 180 White
- **지우개(가로×세로)**
  눈의 결정 1: 2.0×2.0cm
  눈의 결정 2: 2.0×2.0cm
  눈의 결정 3: 1.3×1.3cm
- **조각칼**
  디자인커터

하늘에서 예쁜 함박눈이 내리듯, 세 가지 눈의 결정들을 자연스럽게 배치해 찍으세요.

HOW TO MAKE

눈의 결정 1

눈의 결정 2, 3도 눈의 결정 1과 같은 순서와 방법으로 조각하면 된다.
도안은 170쪽.

1 눈의 결정 도안을 지우개에 옮기고, 사진의 빨간 선 부분을 커터칼로 잘라낸다.
2 **V자 파기** 도안 바깥쪽으로 디자인커터 날을 비스듬히 넣고, 외곽선을 따라 판다. 칼날은 위에서 아래로 움직이고, 각도가 바뀌는 부분에서는 선에 맞춰 다시 칼날을 넣는다.
3 **V자 파기** 외곽선 옆으로 V자 홈이 생기도록, 2~3mm 떨어진 위치에 디자인커터 날을 안쪽으로 비스듬히 넣고 선을 따라 판다.
4 파낸 부분은 날 끝으로 찍어 제거한다. V자 모양의 홈이 파인 모습.
5 남은 여백은 옆에서 수평으로 칼날을 넣어 슬라이스하듯 잘라낸다.
6 중심의 원형 부분은 날을 비스듬히 넣고 지우개를 시계 반대 방향으로 돌리며 도려낸다.
- 완성.

\ 완성! /

CHAPTER 4 SEASONS

난이도 ★★★☆☆

비 오는 날

캔버스에 스탬프를 찍어 나만의 작품을 만들어보세요. 잉크를 한 번 묻혀 여러 번 찍으면 색의 뉘앙스가 풍부해져요.

준비물

- **잉크패드: 색**
  스태즈 온: Mustard
  벌사 매직: Sea Breeze
- **지우개(가로×세로)**
  장화: 2.0×2.3cm
  빗방울: 1.0×1.5cm, 0.6×1.0cm
- **조각칼**
  디자인커터, V자 조각도

굵은 빗방울이 후드득 후드득 떨어지던 날, 내 눈에 들어온 노란 장화. 어린 시절이 떠오르는 감성적인 조합이에요. 우산(도안 172쪽, 스탬핑 방법 33쪽)과 같이 찍어도 좋아요.

HOW TO MAKE

장화

빗방울은 만들기가 쉬워 조각 과정 소개를 생략했다. 도안은 170쪽.

1 장화 도안을 지우개에 옮기고, 사진의 빨간 선 부분을 커터칼로 잘라낸다.
2 **사선 파기** 디자인커터 날을 비스듬히 넣고, 지우개를 시계 방향으로 돌리면서 장화의 둘레를 따라 판다.
3 장화 윗부분은 디자인커터 날을 비스듬히 넣고, 지우개를 시계 반대 방향으로 돌리며 도려낸다.
4 장화 버클도 3과 같은 방법으로 판다.
5 남은 선은 V자 조각도로 판다.
- 완성.

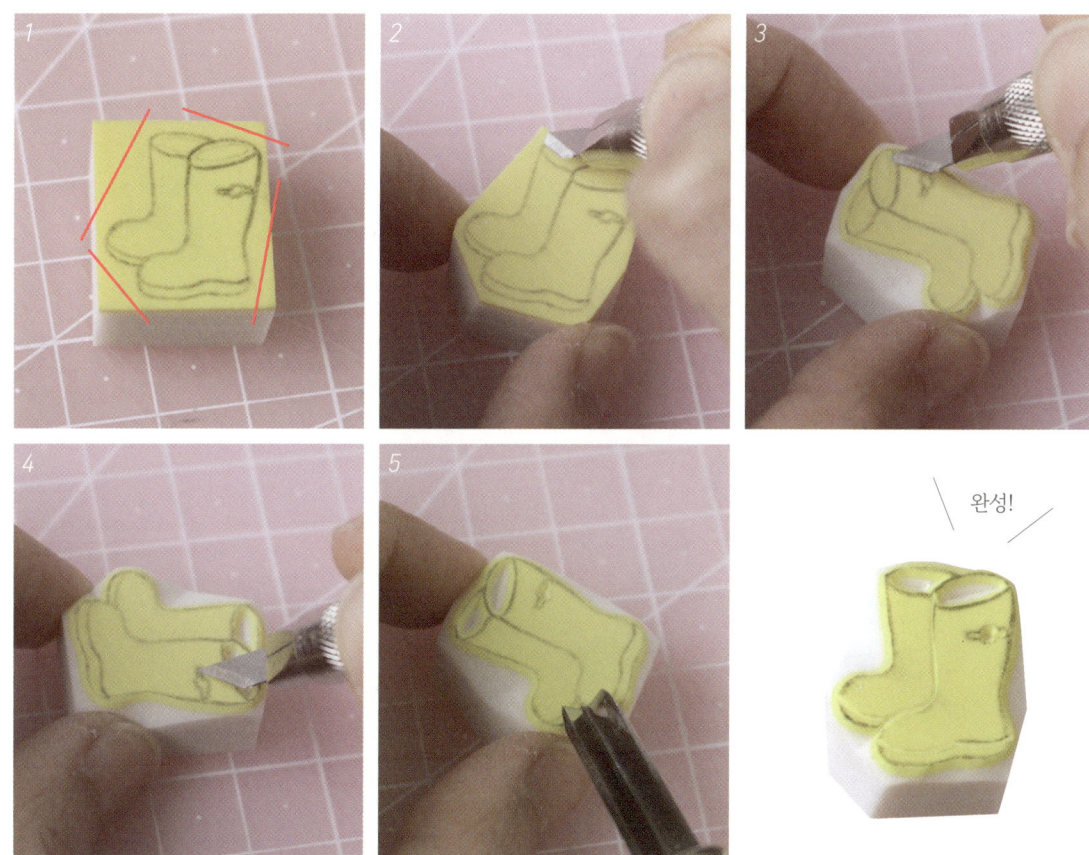

완성!

CHAPTER 4 SEASONS

난이도 ★ ★ ☆ ☆ ☆

은행잎

파우치는 물건을 담아두거나, 선물할 때 포장지 대용으로 써도 좋아요. 파우치에 스탬프를 찍어도 근사한 핸드메이드 작품이 된답니다.

준비물

- **잉크패드: 색**
  스태즈 온: Mustard

- **지우개(가로×세로)**
  2.7×3.0cm

- **조각칼**
  디자인커터

흔하게 볼 수 있는 소재지만, 은행잎으로 가을 느낌 물씬한 패턴을 만들 수 있어요. 조각하기도 쉬워요.

HOW TO MAKE

은행잎

1. 은행잎 도안을 지우개에 옮기고, 사진의 빨간 선 부분을 커터칼로 잘라낸다.
2. **사선 파기** 디자인커터 날을 비스듬히 넣고, 지우개를 시계 방향으로 돌리면서 은행잎의 외곽선을 따라 판다. 이때 잎 위쪽 갈라진 부분은 파지 않고 남겨둔다.
3. **V자 파기** 옆면의 여백에 V자 홈이 생기도록, 선에서 2~3mm 떨어진 위치에 디자인커터 날을 안쪽으로 비스듬히 넣고 위에서 아래로 선을 따라 판다.
4. 파낸 부분은 날 끝으로 찍어 제거하고, 남은 여백은 옆에서 수평으로 칼날을 넣어 슬라이스하듯 잘라낸다.
5. 다음으로 잎 위쪽 갈라진 부분에 디자인커터 날을 비스듬히 넣고, 위에서 아래로 판다. 180도 돌려 똑같이 작업한다.
6. 갈라진 부분의 여백은 옆면에 칼날을 넣어 슬라이스하듯 잘라낸다. 파낸 흔적이 옆에서 보이므로 그 선에 맞춰 칼날을 넣으면 된다.
- 완성.

완성!

난이도

핼러윈

핼러윈 파티를 위한 갈런드와 모자예요.
스탬프 조합을 바꿔 다양하게 찍어보세요.

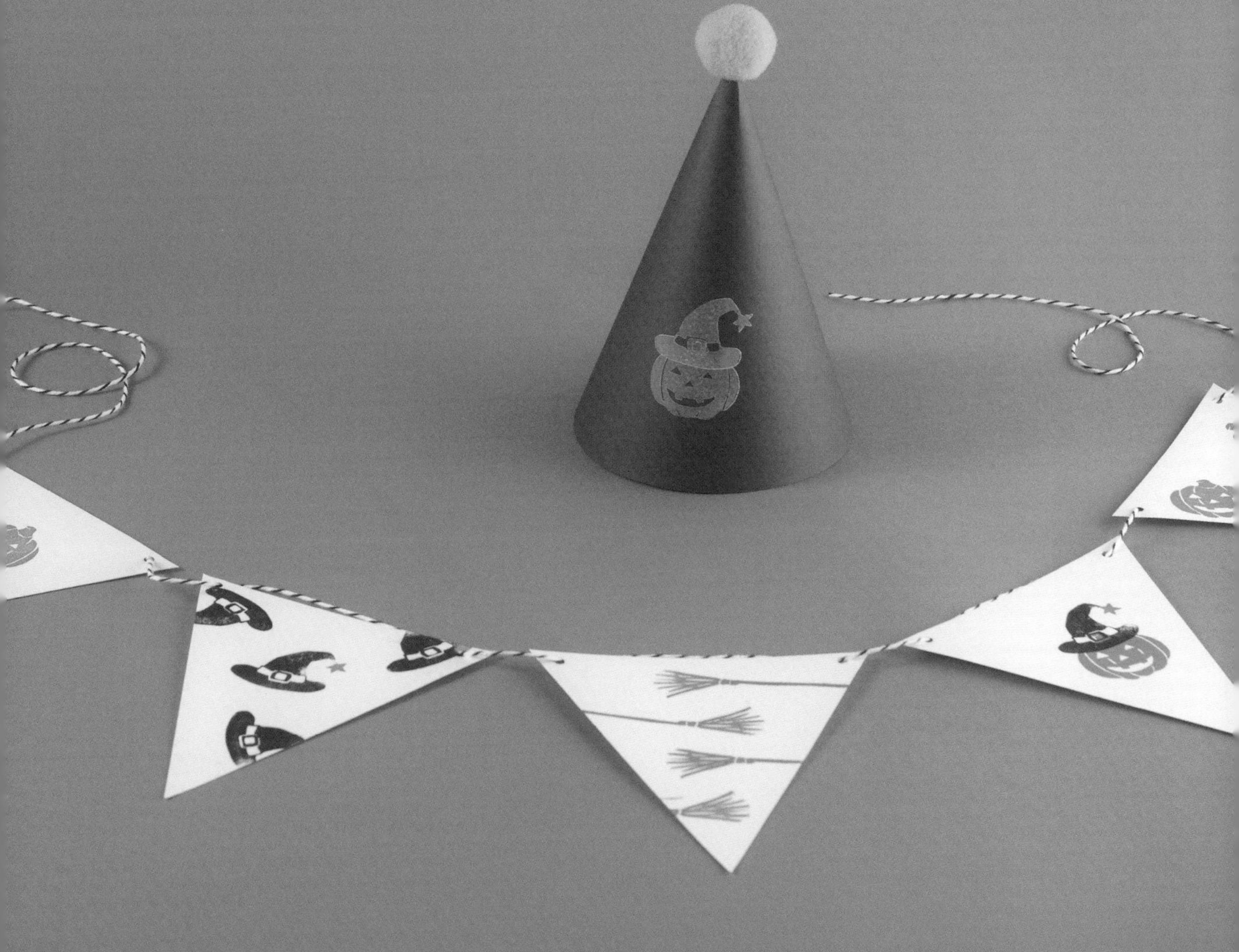

준비물

- **잉크패드: 색**
 스태즈 온: Jet Black,
 Saddle Brown
 메멘토: Tangelo

- **지우개(가로×세로)**
 빗자루: 6.0×1.5cm
 마녀 모자: 3.5×2.5cm
 호박: 3.0×2.7cm

- **조각칼**
 디자인커터, V자 조각도

잭오랜턴과 마녀모자, 빗자루를 조합한 재미있는 패턴이에요.
아이들 소품에도 사용하기 좋아요.

HOW TO MAKE

빗자루

1. 빗자루 도안을 지우개에 옮기고, 사진의 빨간 선 부분을 커터칼로 잘라낸다.
2. **사선 파기** 디자인커터 날을 비스듬히 넣고, 빗자루의 둘레를 따라 판다. 이때 빗자루 끝부분은 파지 않고 남겨둔다.
3. **V자 파기** 여백 부분에 V자 홈이 생기도록, 외곽선에서 2~3mm 떨어진 위치에 디자인커터 날을 안쪽으로 비스듬히 넣고 위에서 아래로 선을 따라 판다.
4. 파낸 부분은 날 끝으로 찍어 제거하고, 남은 여백은 칼날을 옆에서 수평으로 넣어 슬라이스하듯 잘라낸다.
5. 빗자루 끝부분은 위에서 아래 방향으로 선을 따라 판다.
6. 사진에서처럼 옆에서 칼날을 밀어 넣어 5에서 파낸 부분을 슬라이스하듯 잘라낸다.
7. 남은 선은 V자 조각도로 판다.
- 완성.

완성!

HOW TO MAKE

마녀 모자

1 마녀 모자 도안을 지우개에 옮기고, 사진의 빨간 선 부분을 커터칼로 잘라낸다.
2 **사선 파기** 디자인커터 날을 비스듬히 넣고, 지우개를 시계 방향으로 돌리면서 모자의 외곽선을 따라 판다.
3 **V자 파기** 남은 여백 부분에 V자 홈이 생기도록, 선에서 2~3mm 떨어진 위치에 디자인커터 날을 안쪽으로 비스듬히 넣고 위에서 아래쪽으로 선을 따라 판다.
4 파낸 부분은 날 끝으로 찍어 제거한다.
5 남은 여백의 가운데쯤에 칼날을 비스듬히 넣어 지우개를 시계 반대 방향으로 돌리면서 여백의 절반을 도려낸다.
6 나머지 여백은 칼날을 옆에서 수평으로 넣어 슬라이스하듯 잘라낸다.
7 띠 부분은 칼날을 비스듬히 넣고 지우개를 시계 반대 방향으로 돌리며 도려낸다.
8 남은 선은 V자 조각도로 판다.
• 완성.

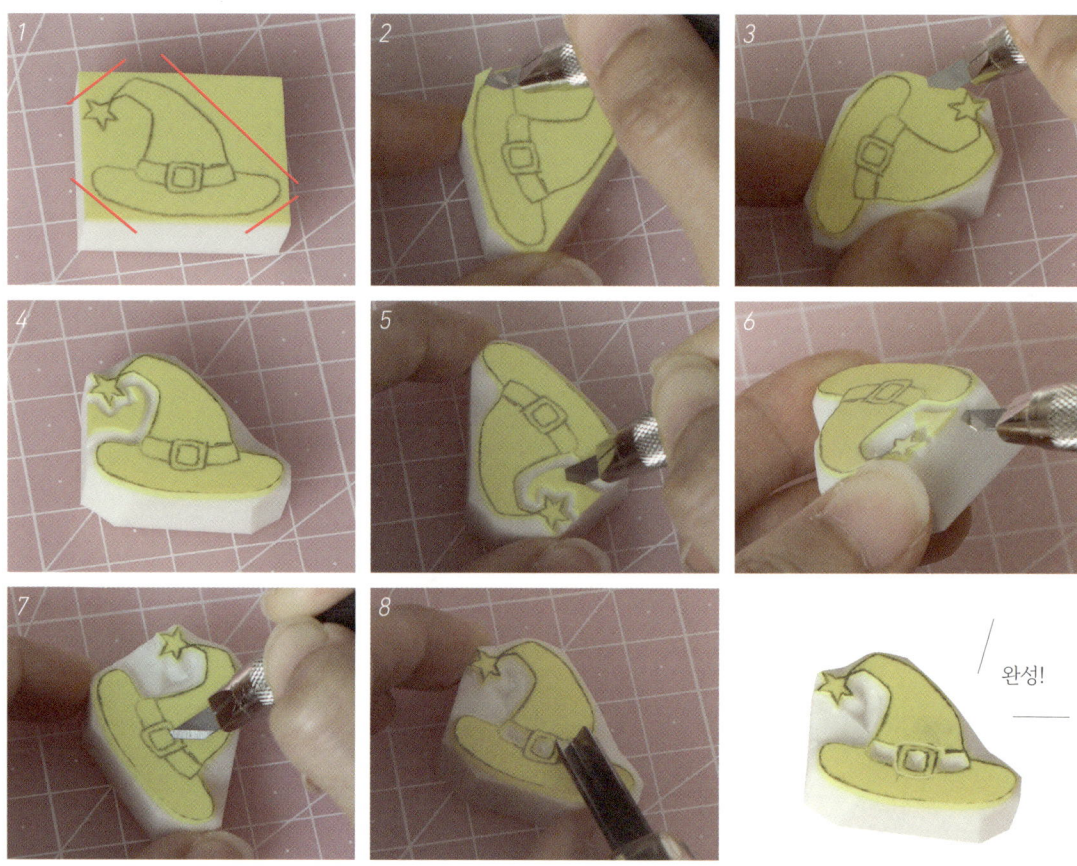

완성!

HOW TO MAKE

호박

1 호박 도안을 지우개에 옮기고, 사진의 빨간 선 부분을 커터칼로 잘라낸다.
2 **사선 파기** 디자인커터 날을 비스듬히 넣고, 지우개를 시계 방향으로 돌리면서 호박의 외곽선을 따라 판다.
3 삼각형 모양의 눈, 코는 디자인커터 날을 비스듬히 넣고, 위에서 아래 방향으로 선을 따라 도려낸다. 각도가 바뀌는 부분에서는 칼날을 다시 넣어 작업한다.
4 입 부분은 디자인커터 날을 비스듬히 넣어 위에서 아래로 선을 따라 판다. 지우개를 180도 돌려 반대쪽도 선을 따라 파낸다.
5 호박의 줄은 V자 조각도로 판다.
• 완성.

완성!

CHAPTER 4 SEASONS

난이도

크리스마스 리스

예쁜 카드를 만들었어요.
글씨는 손으로 써도 좋아요.

준비물

· **잉크패드: 색**
스태즈 온: Jet Black, Saddle Brown
옐로 아울 워크숍 크로마 잉크패드
: Green
벌사 컬러: 61 Olive
벌사 크래프트: 165 Pine

· **지우개(가로×세로)**
크리스마스 글자: 4.0×2.0cm
호랑가시나무 잎: 1.0×2.0cm
열매: 0.5×0.5cm

· **조각칼**
디자인커터, V자 조각도,
U자 조각도

호랑가시나무 잎의 색과 방향을 조금씩 바꿔서 찍으면 멋진 리스가 완성돼요. 종이컵을 엎어놓고 연필로 살짝 선을 그어 가이드라인을 만들면 리스 모양으로 찍기가 쉬워요.

HOW TO MAKE

크리스마스 글자

1 글자 도안을 지우개에 옮기고, 사진의 빨간 선 부분을 커터칼로 잘라낸다.
2 **V자 파기** 디자인커터 날을 비스듬히 넣고, 글자의 외곽선을 따라 위에서 아래로 파나간다.
3 **V자 파기** 글자 바깥으로 V자 홈이 생기도록, 2~3mm 떨어진 위치에 디자인커터 날을 비스듬히 넣고 위에서 아래로 선을 따라 판다. i의 점 부분은 지우개를 시계 반대 방향으로 돌리며 작업한다.
4 파낸 부분은 날 끝으로 찍어 제거한다. V자 모양의 홈이 파인 모습.
5 **V자 파기** 글자 외곽선에 한 번 더 V자 파기를 한다. 칼날을 이전보다 조금 더 깊게 넣고, 위에서 아래 방향으로 선을 따라 판다.

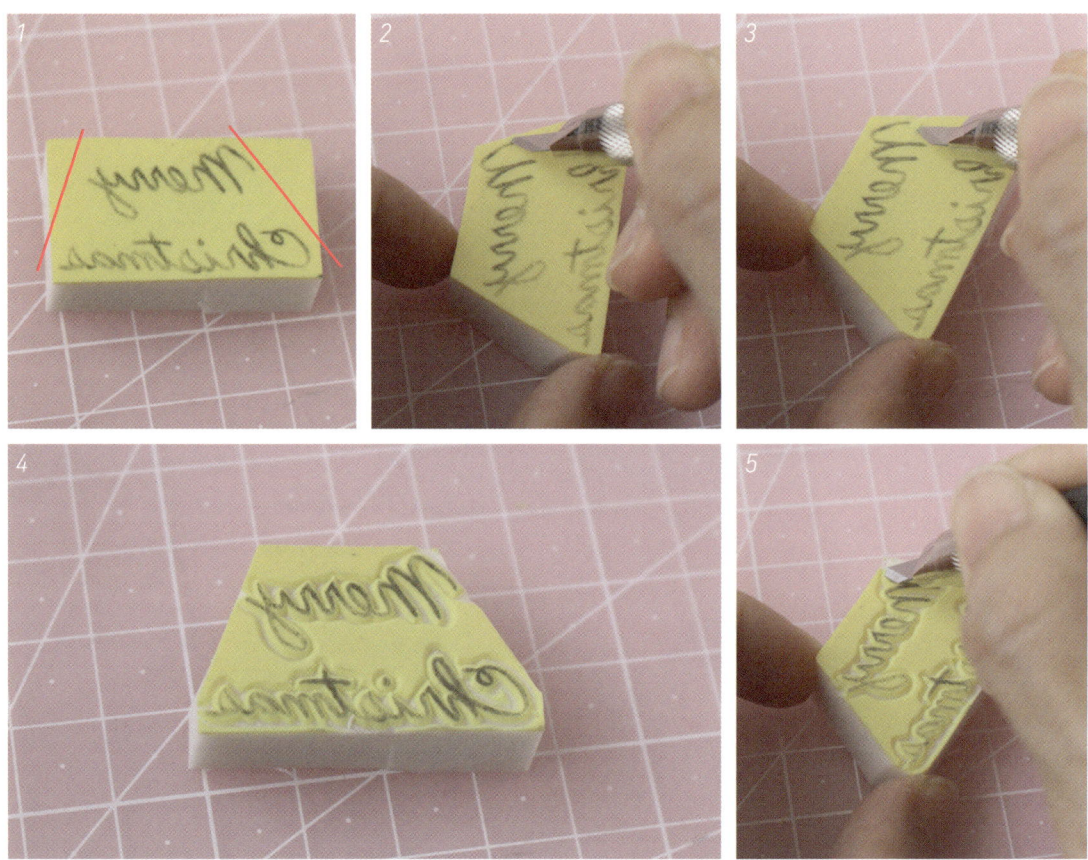

6 **V자 파기** 5의 작업 부분에 V자 홈이 생기도록, 2~3mm 떨어진 위치에 디자인커터 날을 비스듬히 넣어 선을 따라 판다.

7 더 깊게 V자 모양의 홈이 파인 모습.

8 가장자리 여백은 옆에서 수평으로 칼날을 넣어 슬라이스하듯 잘라내고, 가운데 여백은 U자 조각도로 파낸다.

9 글자(e, y, c, h, s, a)에서 파내야할 여백 부분은 칼날을 비스듬히 넣고 지우개를 시계 반대 방향으로 돌리며 도려낸다.

- 완성.

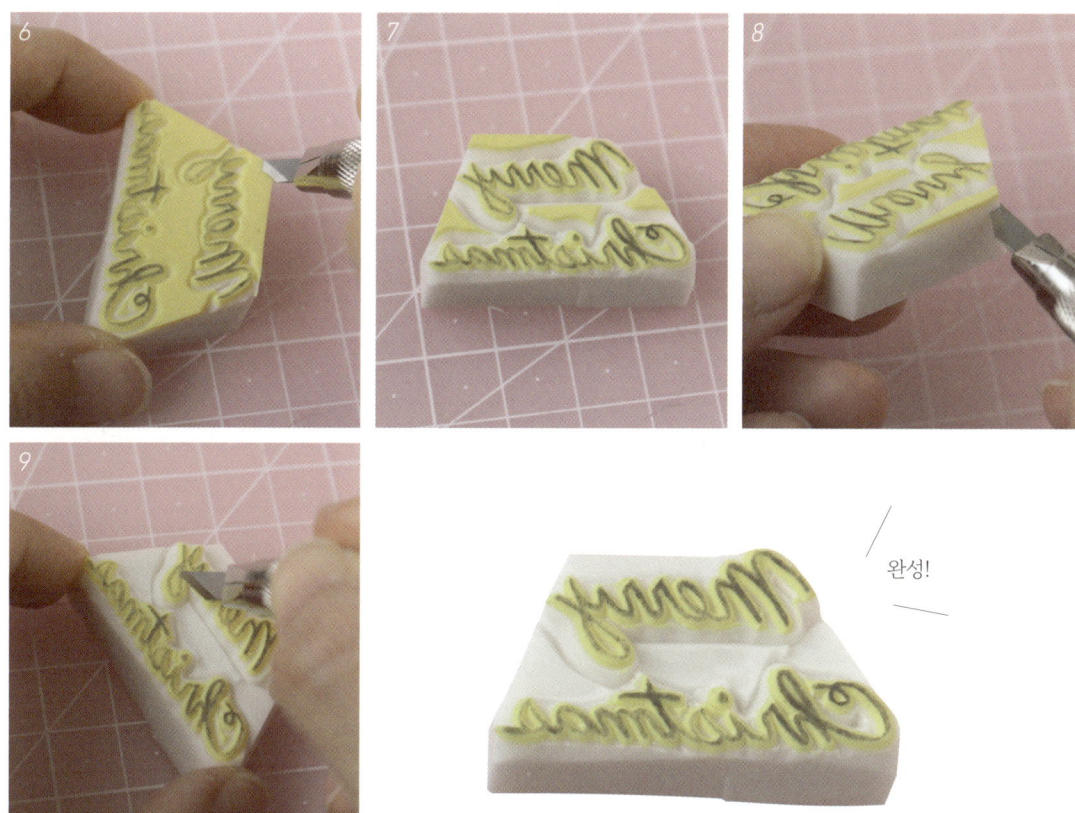

완성!

HOW TO MAKE

호랑가시나무 잎

열매는 만들기가 쉬워 조각 과정 소개를 생략했다. 도안은 170쪽.

1 호랑가시나무 잎 도안을 지우개에 옮기고, 사진의 빨간 선 부분을 커터칼로 잘라낸다.
2 **사선 파기** 디자인커터 날을 비스듬히 넣고, 지우개를 시계 방향으로 돌리면서 잎의 외곽선을 따라 판다.
3 잎맥은 V자 조각도로 판다.
- 완성.

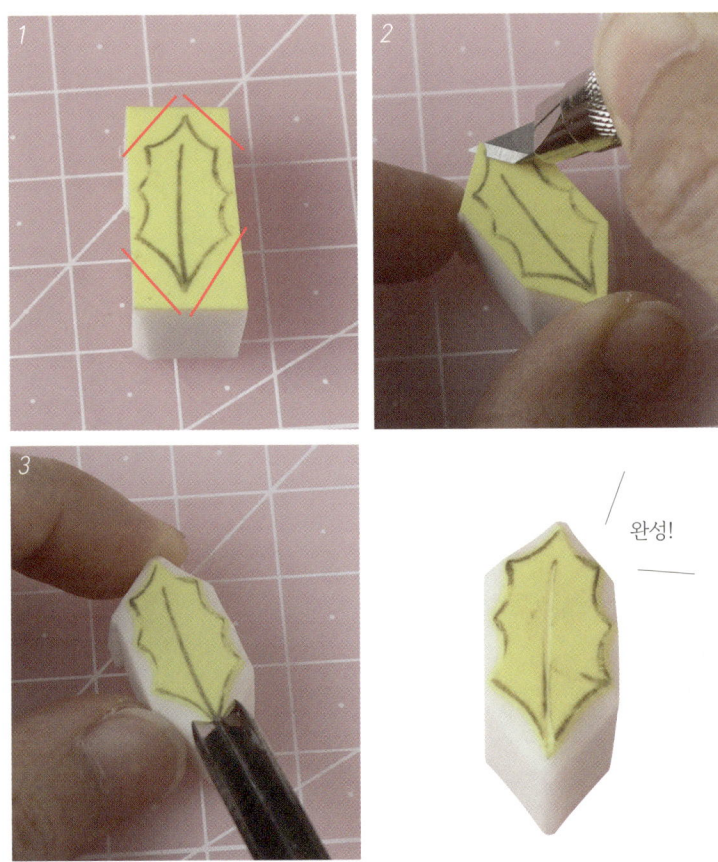

완성!

CHAPTER 5

MY FAVORITE THINGS

- 종이비행기 ★
- 깃털 ★
- 열기구 ★★★
- 커피 브레이크 ★★★
- 우주여행 ★★★★
- 마트료시카 ★★★★★
- 브런치 ★★★

CHAPTER 5　MY FAVORITE THINGS

난이도　★☆☆☆☆

종이비행기

캔버스 백에 스탬프를 찍어보세요. 나만의 그림을 더하는 순간 평범한 가방도 특별해져요.

준비물

- **잉크패드: 색**
  벌사 파인: Majestic Blue
- **지우개(가로×세로)**
  2.8×2.0cm
- **조각칼**
  디자인커터, V자 조각도

비행기의 궤적을 점선으로 표시해 동화적인 느낌을 더했어요.
날아오르는 비행기, 사뿐히 내려앉는 비행기도 표현할 수 있어요.

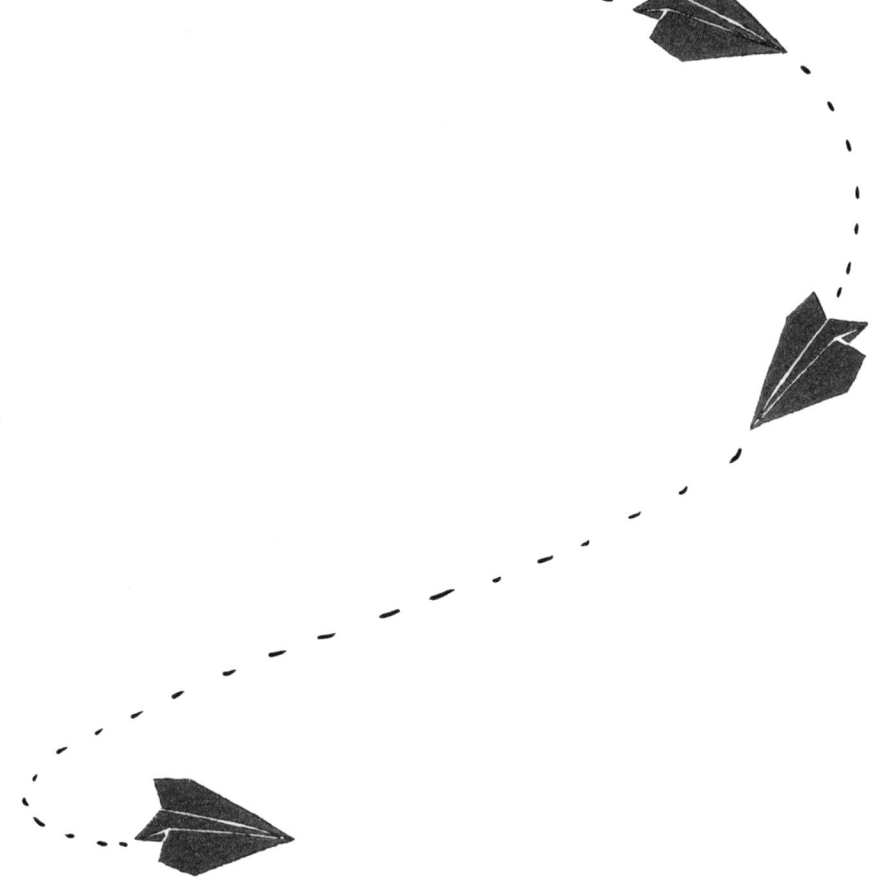

HOW TO MAKE

종이비행기

1 종이비행기 도안을 지우개에 옮기고, 사진의 빨간 선 부분을 커터칼로 잘라낸다.
2 **사선 파기** 비행기 아랫부분 여백에 디자인커터 날을 비스듬히 넣고, 선을 따라 파낸다. 각도가 바뀌는 부분에서는 항상 칼날을 뺐다가 선에 맞춰 다시 넣는 방식으로 작업한다.
3 비행기의 접힌 선은 V자 조각도로 판다.
- 완성.

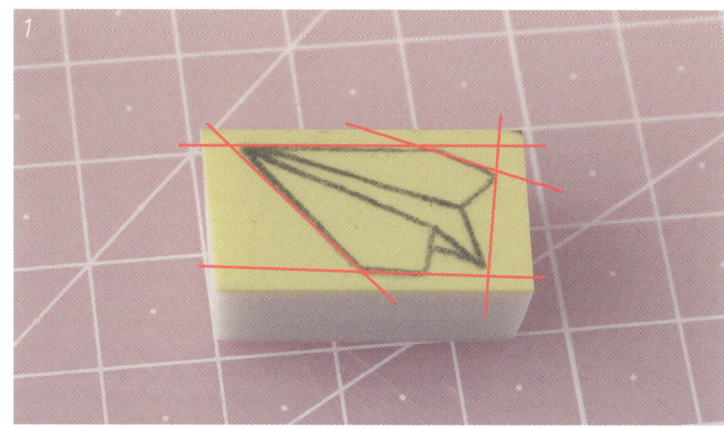

\ 완성! /

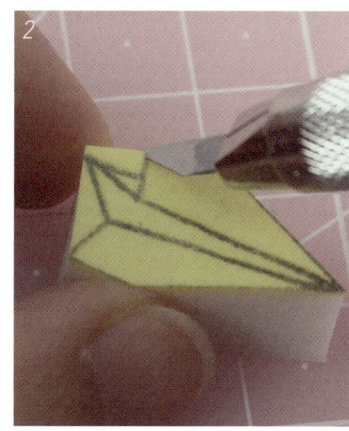

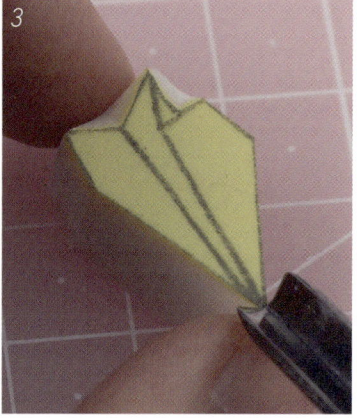

난이도 ★☆☆☆☆

깃털

원하는 스탬프를 찍어 나만의 라벨을 만들어 보세요. 무지 라벨 끈에 스탬프를 이어 찍으면 포장 리본으로 활용할 수 있어요.

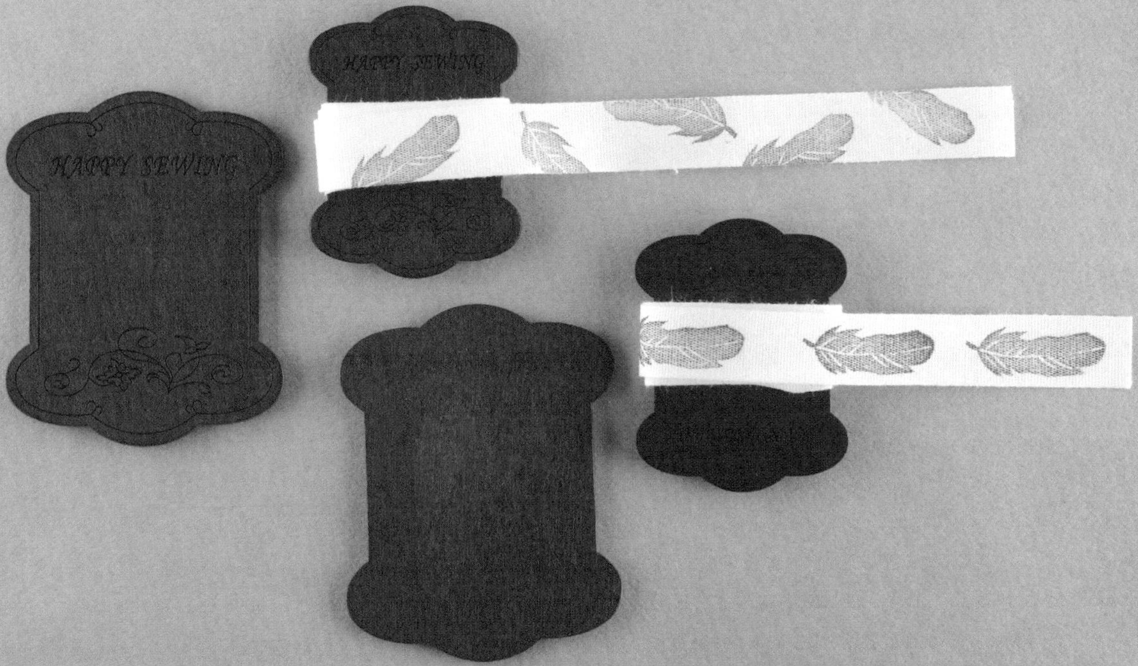

준비물

- **잉크패드: 색**
  벌사 크래프트: 180 White

- **지우개(가로×세로)**
  1.2×3.0cm

- **조각칼**
  디자인커터, V자 조각도

깃털이 흩날리듯 자연스럽게 연출한 패턴이에요. 간격은 일정하게, 방향은 살짝 바꿔 가며 찍는 것이 포인트예요.

HOW TO MAKE

깃털

1. 깃털 도안을 지우개에 옮기고, 사진의 빨간 선 부분을 커터칼로 잘라낸다.
2. **사선 파기** 디자인커터 날을 비스듬히 넣고, 지우개를 시계 방향으로 돌리면서 깃털의 둘레를 따라 판다.
3. 깃털의 결 부분은 V자 조각도로 판다.
- 완성.

CHAPTER 5 · MY FAVORITE THINGS

난이도 ★★★☆☆

열기구

구름과 열기구로 테이블 매트를 장식해,
귀여우면서 따뜻한 느낌을 더했어요.
아이들이 특히 좋아하는 그림이에요.

준비물

- **잉크패드: 색**
  아이 러브 유 컬러: 파란색
  벌사 컬러: 34 Orchid, 57 Old Rose,
   58 Smoke Blue
  벌사 크래프트: 116 Peony Purple
  벌사 파인: Smokey Gray

- **지우개(가로×세로)**
  열기구: 2.2×3.0cm
  구름: 2.3×1.2cm

- **조각칼**
  디자인커터, V자 조각도

구름 사이를 떠다니는 열기구 패턴이에요.
풍선과 바스켓 부분은 '색 나눠 찍기'(32쪽 참조)로 찍으세요.

HOW TO MAKE

열기구

구름은 만들기가 쉬워 조각 과정 소개를 생략했다. 도안은 171쪽.

1. 열기구 도안을 지우개에 옮기고, 사진의 빨간 선 부분을 커터칼로 잘라낸다.
2. **사선 파기** 디자인커터 날을 비스듬히 넣고, 열기구의 둘레를 따라 판다. 지우개를 시계 방향으로 돌리면서 작업한다.
3. **사선 파기** 바스켓과 풍선을 잇는 선 사이 여백은 칼날을 비스듬히 넣고 지우개를 시계 반대 방향으로 돌리면서 파낸다.
4. 풍선의 세로 선은 V자 조각도로 판다.
- 완성.

완성!

난이도 ★★★☆☆

커피 브레이크

애용하는 커피 잔이나 원두를 담는 봉투에 스탬프를 찍어보세요. 봉투는 원두를 담아서 선물할 때 활용하기 좋아요.

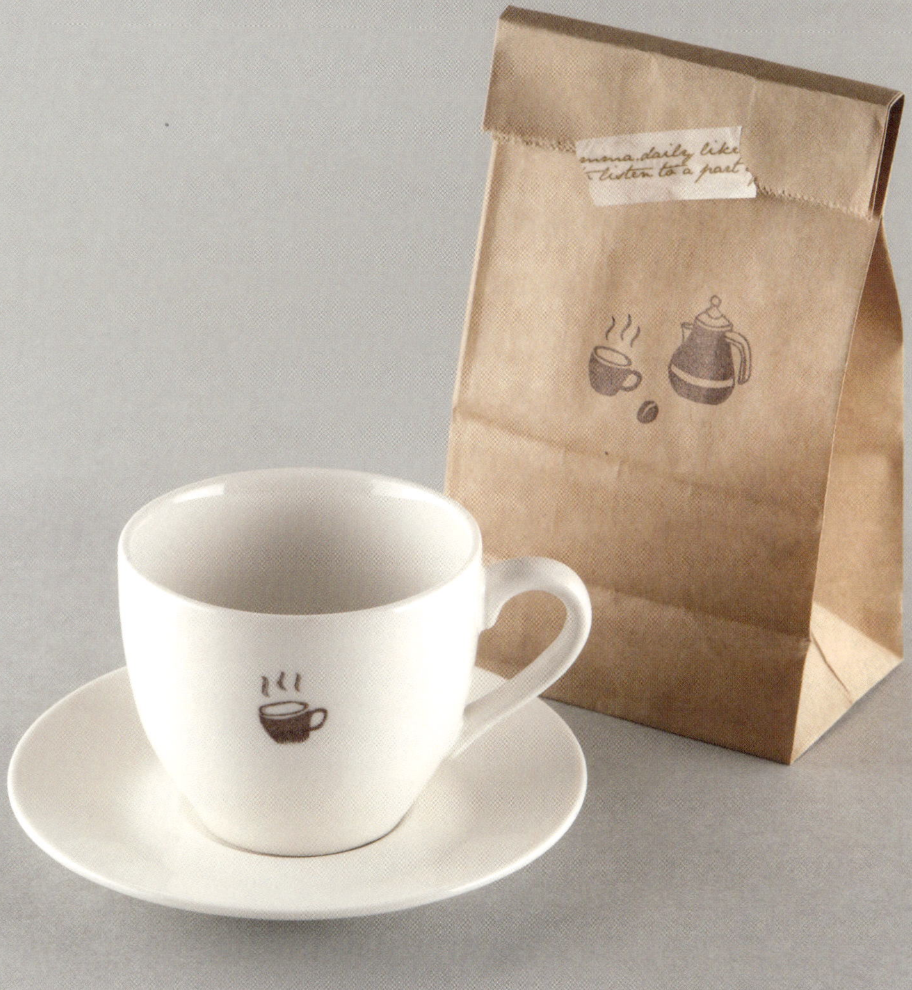

준비물

- **잉크패드: 색**
  스태즈 온: Timber Brown
  벌사 크래프트: 161 Burgundy
  벌사 파인: Majestic Blue

- **지우개(가로×세로)**
  커피 잔: 1.5×2.0cm
  커피포트: 2.0×2.3cm
  원두: 0.7×0.5cm

- **조각칼**
  디자인커터, V자 조각도

한가로운 오후의 커피 브레이크가 연상되는 패턴이에요.
휴식이나 약속, 커피와 관련한 어떤 것에든 활용해보세요.

HOW TO MAKE

커피 잔

1. 커피 잔 도안을 지우개에 옮기고, 사진의 빨간 선 부분을 커터칼로 잘라낸다.
2. **사선 파기** 디자인커터 날을 비스듬히 넣고, 김 부분까지 포함해 그림 전체의 외곽선을 따라 판다. 지우개를 시계 방향으로 돌리면서 작업한다.
3. **V자 파기** 커피 잔 외곽선의 남은 여백(윗부분)에 디자인커터 날을 비스듬히 넣고, 위에서 아래로 선을 따라 판다.
4. **V자 파기** 지우개를 180도 돌려 작업한 부분에 V자 홈이 생기도록 1mm 정도 떨어진 위치에 디자인커터 날을 비스듬히 넣고 위에서 아래로 파낸다.
5. 김 부분도 선만 남기고 V자 파기 하듯 주변 여백을 도려낸다.
6. 커피 잔 위쪽의 동그란 부분과 손잡이 부분은 칼날을 비스듬히 넣어 지우개를 시계 반대 방향으로 돌리며 도려낸다.
7. 남은 선은 V자 조각도로 판다.
- 완성.

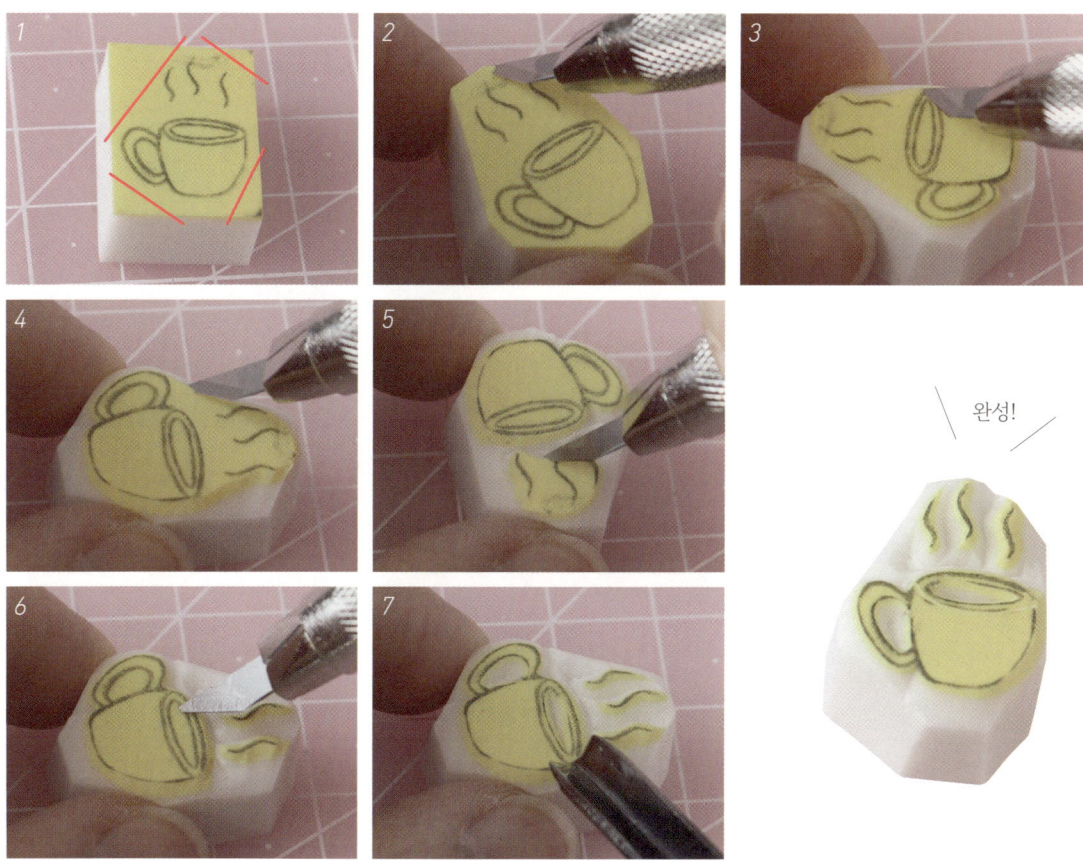

완성!

HOW TO MAKE

커피포트

커피 원두는 만들기가 쉬워 조각 과정 소개를 생략했다. 도안은 171쪽.

1 커피포트 도안을 지우개에 옮기고, 사진의 빨간 선 부분을 커터칼로 잘라낸다.
2 **사선 파기** 디자인커터 날을 비스듬히 넣고, 지우개를 시계 방향으로 돌리면서 도안의 외곽선을 따라 판다.
3 **사선 파기** 도안에서 하얗게 표시된 부분은 모두 사선파기로 도려낸다. 선에 맞춰 디자인커터 날을 비스듬히 넣고, 지우개를 시계 반대 방향으로 돌리며 작업한다.
• 완성.

난이도

우주여행

빈 편지지나 종이에 스탬프를 찍어 편지지를 만들어보세요. 아이들은 물론 어른들도 좋아할 만한 디자인이에요.

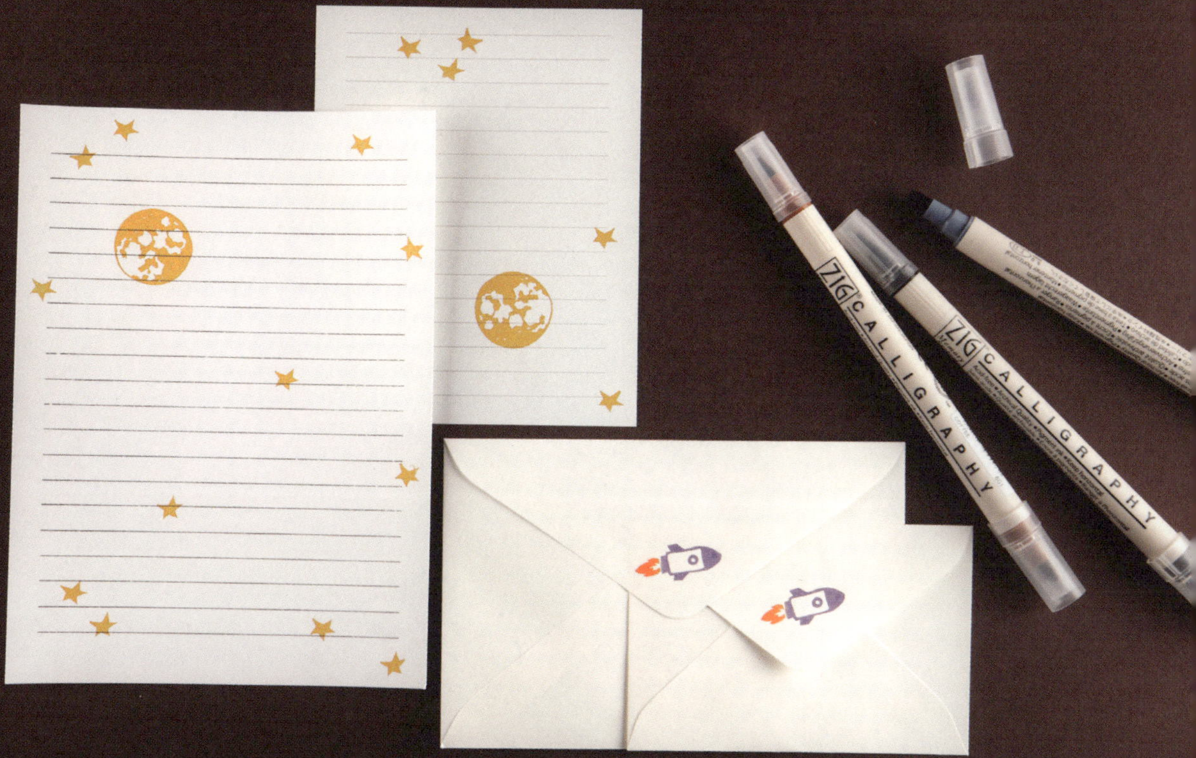

준비물

- **잉크패드: 색**
  스태즈 온: Mustard,
  Hydrangea Blue
  크리스털 크래프트 잉크패드
  : Orange

- **지우개(가로×세로)**
  달: 2.5×2.5cm
  로켓: 3.0×1.7cm
  별: 0.8×0.8cm

- **조각칼**
  디자인커터, V자 조각도,
  U자 조각도, 송곳

원하는 만큼 별을 찍어 밤하늘을 수놓아보세요.
로켓과 달을 더하면 멋진 우주가 펼쳐집니다.

HOW TO MAKE

달

1 달 도안을 지우개에 옮기고, 사진의 빨간 선 부분을 커터칼로 잘라낸다.
2 **사선 파기** 디자인커터 날을 비스듬히 넣고, 지우개를 시계 방향으로 돌리면서 달의 외곽선을 따라 판다.
3 **사선 파기** 달 표면의 무늬도 사선 파기 한다. 먼저 작게 나눠진 부분에 디자인커터 날을 비스듬히 넣고, 지우개를 시계 반대 방향으로 돌리면서 도려낸다.
4 **사선 파기** 다음으로 면적이 넓은 부위를 작업한다. 지우개를 시계 반대 방향으로 돌리면서 가장자리부터 꼼꼼히 도려낸다. 면적이 넓은 만큼 영역을 나눠서 작업해도 된다.
5 남은 여백은 디자인커터 날을 비스듬히 넣어 지우개를 시계 반대 방향으로 돌리면서 도려낸다.
6 작은 점은 V자 조각도로 판다.
• 완성.

완성!

HOW TO MAKE

로켓

별은 만들기가 쉬워 조각 과정 소개를 생략했다. 도안은 170쪽.

1 로켓 도안을 지우개에 옮기고, 사진의 빨간 선 부분을 커터칼로 잘라낸다.
2 **사선 파기** 디자인커터 날을 비스듬히 넣고, 지우개를 시계 방향으로 돌리면서 로켓의 외곽선을 따라 판다.
3 거의 잘려나간 여백 부분은 손으로 떼어낸다.
4 **V자 파기** 로켓 중심부 안쪽에 디자인커터 날을 비스듬히 넣고, 위에서 아래 방향으로 선에 맞춰 긋는다. 각도가 바뀌는 부분에서는 칼날을 뺐다가 선에 맞춰 다시 넣는 방식으로 작업한다.
5 **V자 파기** 작업한 선을 따라 V자 홈이 생기도록 1mm 정도 떨어진 위치에 디자인커터 날을 비스듬히 넣어 선을 따라 파낸다.
6 **V자 파기** 로켓의 창문 외곽선에 디자인커터 날을 비스듬히 넣고, 지우개를 시계 방향으로 돌리면서 판다.

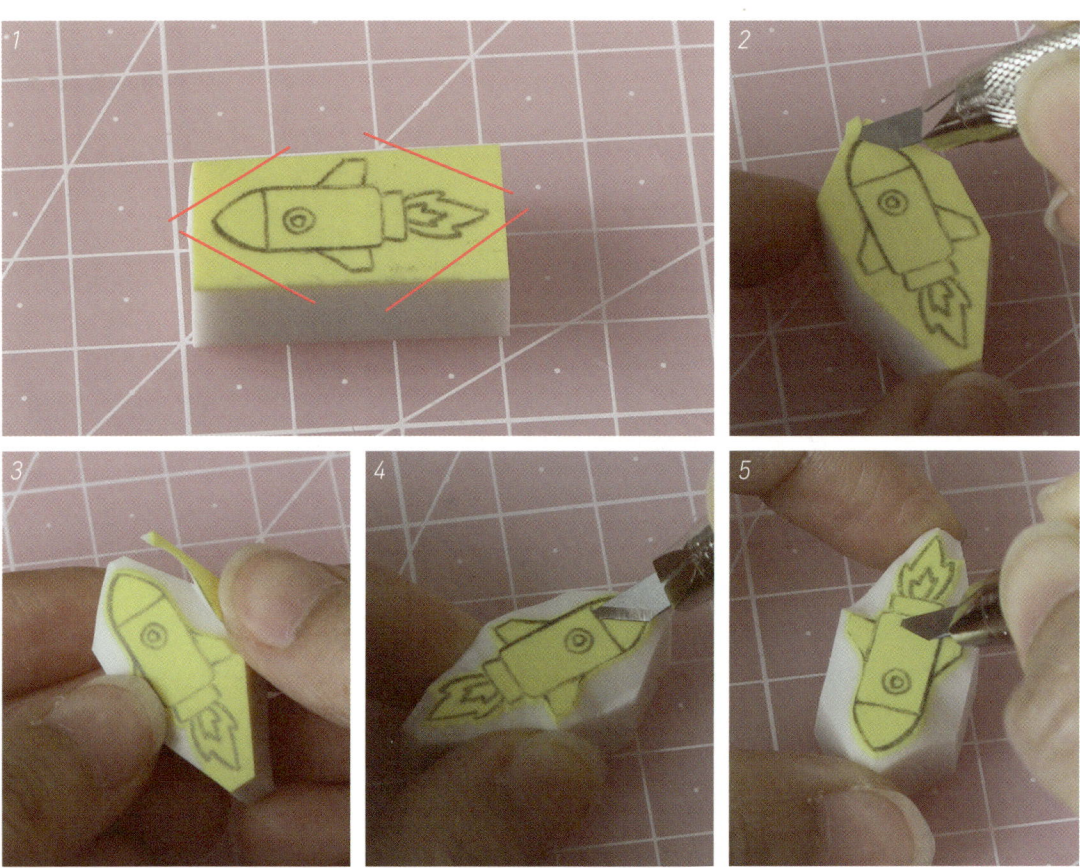

7 **V자 파기** 창문에서 1~2mm 떨어진 위치에 디자인커터 날을 비스듬히 넣어 외곽선을 따라 동그랗게 홈을 판다.
8 창문 한가운데는 송곳이나 뾰족한 것으로 찔러 구멍을 낸다.
9 로켓 중심부의 여백은 U자 조각도로 파낸다.
10 로켓의 안쪽 불꽃에 칼날을 비스듬히 넣고 선을 따라 도려낸다.
- 완성.

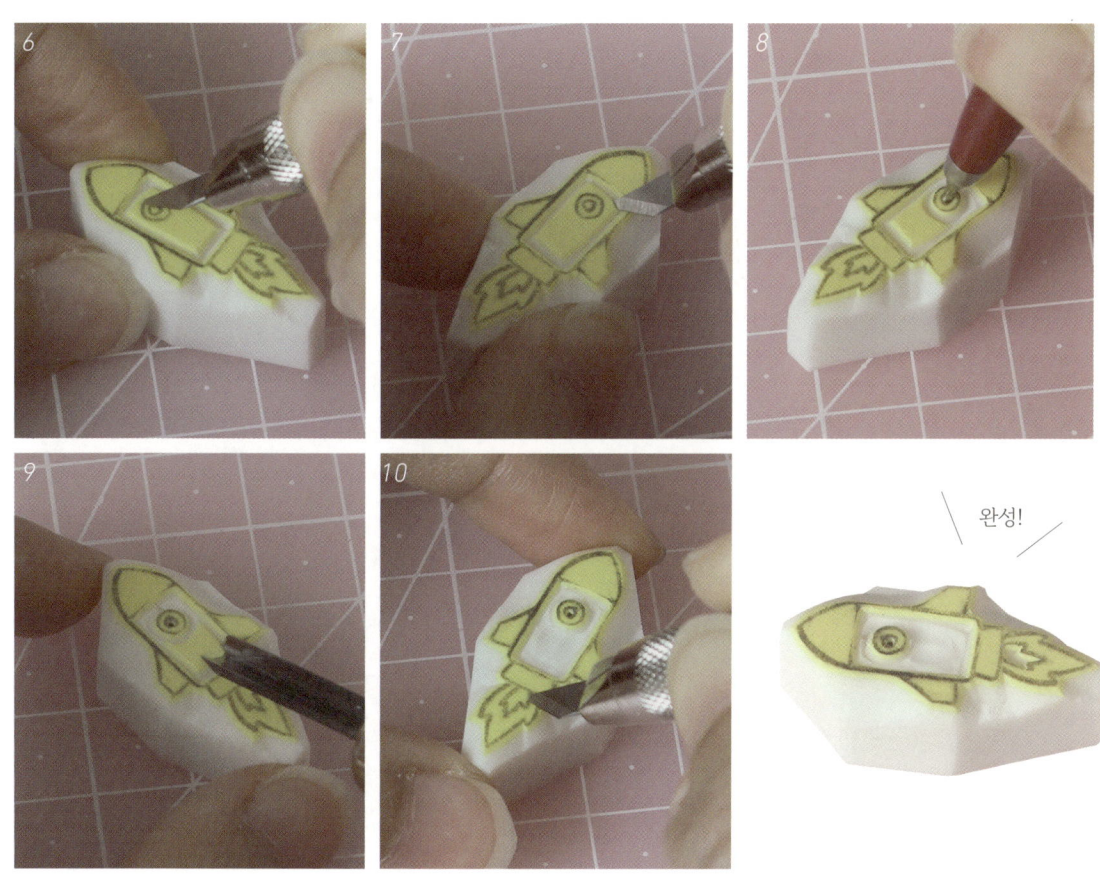

CHAPTER 5 · MY FAVORITE THINGS

난이도

마트료시카

스탬프를 천에 찍어 자수의 도안으로 활용할 수 있어요. 마트료시카는 자수에 많이 쓰이는 디자인이에요.

준비물

· **잉크패드: 색**
 옐로 아울 워크숍 크로마 잉크패드
 : Pink
 벌사 크래프트
 : 116 Peony Purple, 158 Sky Mist

· **지우개(가로×세로)**
 마트료시카 1: 2.6×5.0cm
 마트료시카 2: 2.0×3.7cm
 마트료시카 3: 1.7×3.2cm

· **조각칼**
 디자인커터, V자 조각도,
 U자 조각도

나란히 찍어 놓기만 해도 예쁜 러시아 전통 인형, 마트료시카예요. 사랑스런 파스텔톤도 어울리고, 원색으로 강렬하게 표현해도 예뻐요.

HOW TO MAKE

마트료시카 3

마트료시카 1과 2도
이 순서와 방법을 참고해 조각하면 된다.
도안은 171쪽.

1 마트료시카 도안을 지우개에 옮기고, 사진의 빨간 선 부분을 커터칼로 잘라낸다.
2 **사선 파기** 도안 바깥쪽으로 디자인커터 날을 비스듬히 넣고, 지우개를 시계 방향으로 돌리면서 선을 따라 판다.
3 **사선 파기** 상의 부분에 디자인커터 날을 비스듬히 넣고 지우개를 시계 반대 방향으로 돌리면서 도려낸다.
4 **V자 파기** 눈 외곽선에 칼날을 비스듬히 넣어 빙 둘러 판다. 지우개를 시계 방향으로 돌리며 작업한다.
5 **V자 파기** 눈 주위에 V자 홈이 생기도록, 눈에서 1mm쯤 떨어진 위치에 디자인커터 날을 비스듬히 넣어 빙 둘러 판다.
6 **V자 파기** 얼굴 안쪽에 칼날을 비스듬히 넣고, 지우개를 시계 반대 방향으로 돌리면서 선을 따라 판다.

7 **V자 파기** 얼굴 안쪽으로 V자 홈이 생기도록, 얼굴선에서 1mm쯤 떨어진 안쪽에 디자인커터 날을 비스듬히 넣고 선을 따라 판다. 이때 눈 부분을 잘라내지 않도록 조심하며 작업한다.

8 **사선 파기** 얼굴의 남은 여백은 디자인커터 날을 비스듬히 넣고, 지우개를 시계 반대 방향으로 돌리면서 도려낸다.

9 **V자 파기** 앞치마 안쪽 선에 V자 파기를 한다. 요령은 얼굴 안쪽을 조각할 때와 같다.

10 V자 홈 안쪽의 남은 여백은 U자 조각도로 파낸다.

11 남은 선은 V자 조각도로 판다.

- 완성.

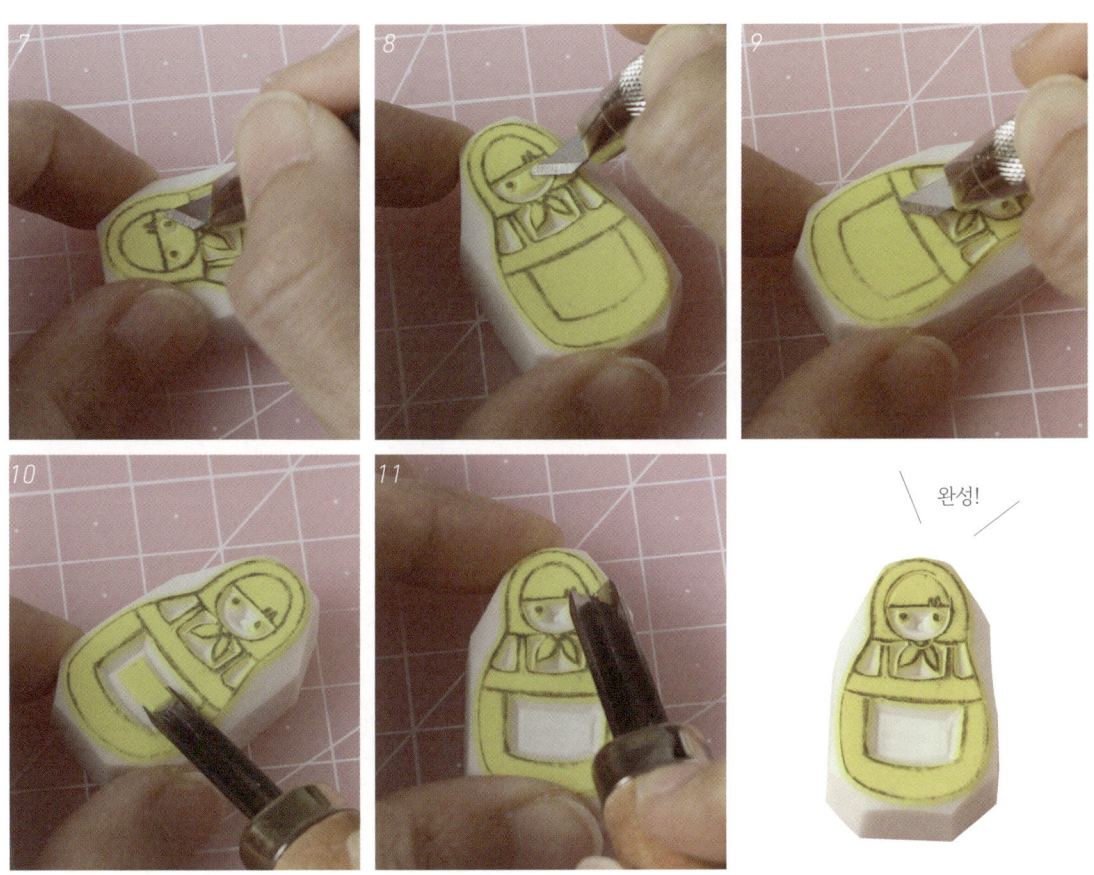

CHAPTER 5
MY FAVORITE THINGS

난이도

브런치

일회용 도시락 뚜껑에 스탬프를 찍었어요.
안에 맛있는 음식을 담아 선물해보세요.

준비물

- **잉크패드: 색**
  7321 디자인 잉크패드: Peach
  스태즈 온: Mustard
  벌사 크래프트: K-17
  벌사 파인: Smokey Gray

- **지우개(가로×세로)**
  프라이팬: 3.6×2.0cm
  베이컨: 2.7×0.8cm
  달걀 프라이: 2.8×1.7cm
  식빵: 1.0×1.2cm

- **조각칼**
  디자인커터, V자 조각도,
  U자 조각도, 송곳

스탬프로 맛있는 브런치를 만들었어요.
키친 관련 용품에 사용하기 좋은 패턴이에요.

HOW TO MAKE

프라이팬

1 프라이팬 도안을 지우개에 옮기고, 사진의 빨간 선 부분을 커터칼로 잘라낸다.
2 **사선 파기** 디자인커터 날을 비스듬히 넣고, 지우개를 시계 방향으로 돌리면서 프라이팬 외곽선을 따라 판다.
3 거의 잘려나간 여백 부분은 손으로 떼어낸다.
4 손잡이 아래쪽 구멍은 칼날을 비스듬히 넣고 지우개를 시계 반대 방향으로 돌리면서 도려낸다.
5 손잡이 고리와 연결 부위 못자국은 송곳으로 찔러 구멍을 낸다.
6 남은 선은 V자 조각도로 판다.
• 완성.

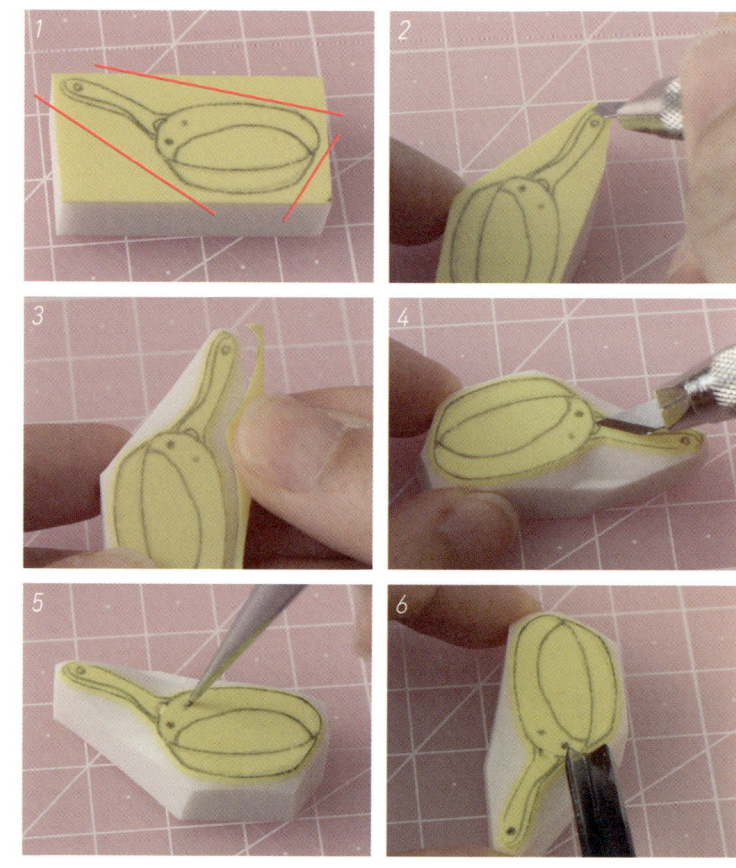

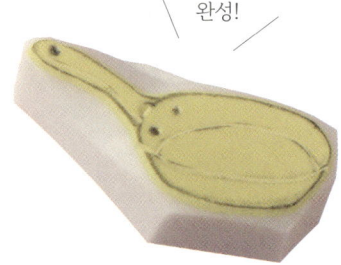

완성!

HOW TO MAKE

베이컨

1. 베이컨 도안을 지우개에 옮기고, 사진의 빨간 선 부분을 커터칼로 잘라낸다.
2. **사선 파기** 디자인커터 날을 비스듬히 넣고, 지우개를 시계 방향으로 돌리면서 도안 외곽선을 따라 판다.
3. 베이컨 도안을 참조해, 파낼 부분의 안쪽에 디자인커터 날을 비스듬히 넣고, 위에서 아래로 선을 따라 판다.
4. 지우개를 180도 돌려 반대쪽도 같은 방법으로 판다.
- 완성.

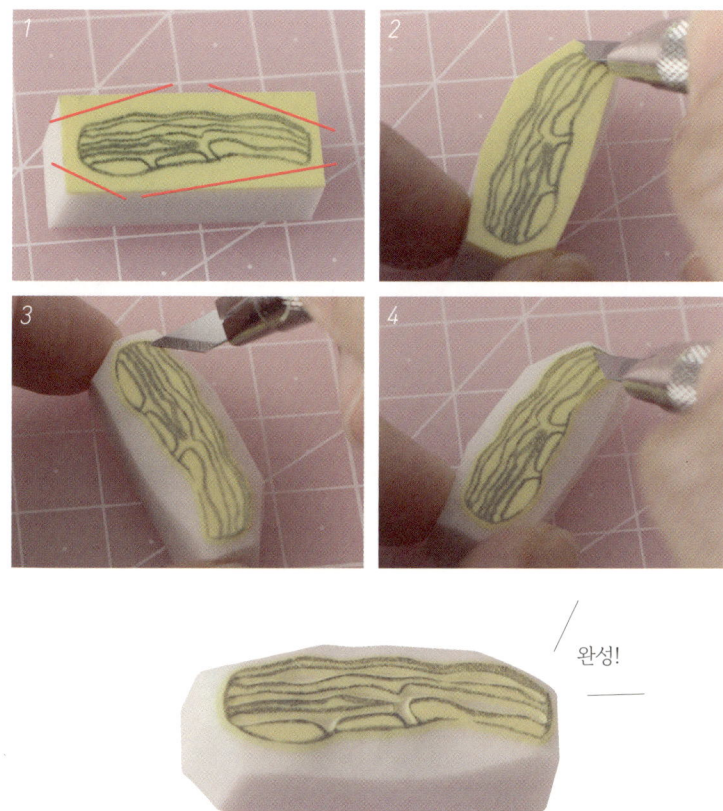

완성!

HOW TO MAKE

달걀 프라이

식빵은 만들기가 쉬워 조각 과정 소개를 생략했다. 도안은 171쪽.

1 달걀 프라이 도안을 지우개에 옮기고, 사진의 빨간 선 부분을 커터칼로 잘라낸다.
2 **사선 파기** 디자인커터 날을 비스듬히 넣고, 지우개를 시계 방향으로 돌리면서 도안 외곽선을 따라 판다.
3 **V자 파기** 노른자 바깥에 디자인커터 날을 비스듬히 넣고, 지우개를 시계 방향으로 돌리면서 둥글게 판다. 다음으로 2~3mm 떨어진 위치에 디자인커터 날을 비스듬히 넣고, 지우개를 시계 반대 방향으로 돌리면서 V자 홈을 판다.
4 **V자 파기** 흰자 선 안쪽에 디자인커터 날을 비스듬히 넣고 지우개를 시계 반대 방향으로 돌리며 선을 따라 판다.
5 **V자 파기** 흰자 선 안쪽에 V자 홈이 생기도록 2~3mm 떨어진 위치에 디자인커터 날을 비스듬히 넣어 지우개를 시계 방향으로 돌리면서 선을 따라 판다.
6 파낸 부분은 날 끝으로 찍어 제거하고, 남은 여백은 U자 조각도로 파낸다.
• 완성.

부록

지우개 스탬프 도안

- 이 책에 소개한 작품 도안
- 특별 추가 도안

* 모든 도안은 저자의 작품이며, 실제 크기로 수록했습니다.

이 책에 소개한 작품 도안

CHAPTER
(1)
ANIMALS

p.042   p.059

p.046   p.050

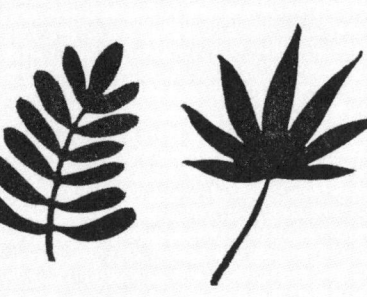

p.036

166

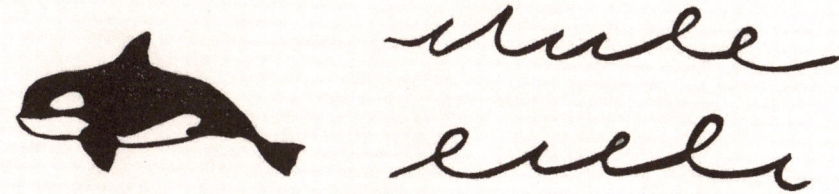

p.053

CHAPTER
2
PLANTS

p.082

p.064

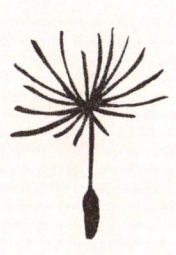

p.070

p.074

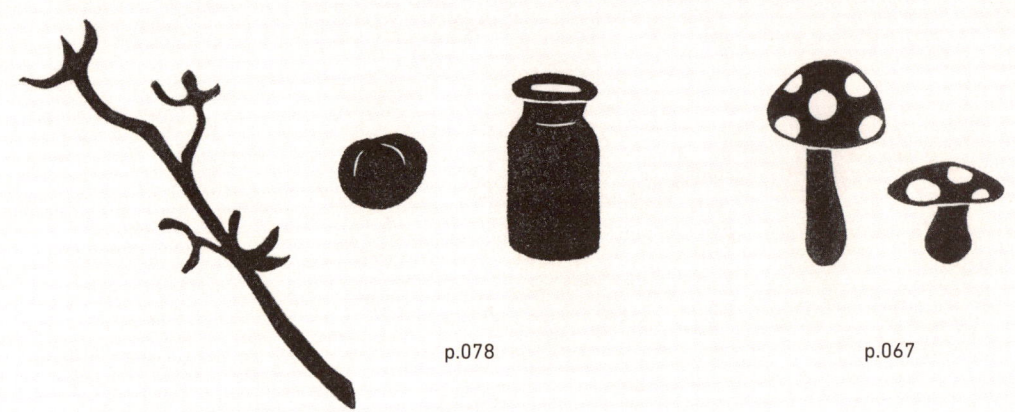

p.078 p.067

p.087

CHAPTER
3
FRUITS

p.092 p.095

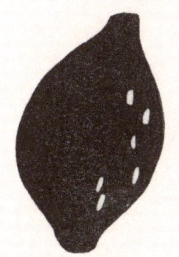  

p.099

p.104   p.108

CHAPTER
(4)
SEASONS

p.114

p.132

p.127

p.121

p.124

p.118

CHAPTER
5
MY FAVORITE THINGS

p.141

p.151

p.138

p.144

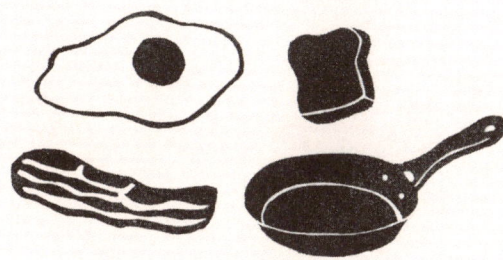

p.160

p.147

p.156

특별 추가 도안